Ferdinand Linzenich

Von Alaaf bis Zölibat

Das satirische Lexikon rheinischer Lebensart

Bibliografische Information der Deutschen Nationalbibliothek
Die Deutsche Nationalbibliothek verzeichnet diese Publikation in der Deutschen Nationalbibliografie;
detaillierte bibliografische Daten sind im Internet über http://dnb.ddb.de abrufbar.

3. Auflage

Umschlaggestaltung + Karikaturen: Mira Lob, Köln
Satz/Layout: Marzellen Verlag GmbH, Frank Tewes, Köln
Druck: Theiss Druck GmbH, Österreich

Printed in Austria.
ISBN 978-3-937795-29-4

www.marzellen-verlag.de

Ferdinand Linzenich

Von Alaaf bis Zölibat

Das satirische Lexikon rheinischer Lebensart

marzellen
verlag köln

Ferdinand Linzenich (Bild l.) – Jahrgang 1956 – ist ein Multitalent: Unternehmer, Berater, Coach und Kabarettist. Seit 25 Jahren ist er erfolgreich auf den renommierten Kleinkunstbühnen des Landes unterwegs – vom Düsseldorfer Kommödchen über die Berliner Wühlmäuse bis zum Kölner Senftöpfchen.

Außerdem ist er ein gefragter Keynote-Speaker für Kommunikationsthemen in der Wirtschaft und arbeitet als Autor und Redenschreiber – hier zusammen mit Thomas Brückner (Bild r.). 2014 war er Festredner auf der Prinzenproklamation im Kölner Gürzenich.

Das Buch ist ein Gemeinschaftswerk des Autoren-Duos Ferdinand Linzenich & Thomas Brückner, das seit vielen Jahren in unterschiedlichen Medien und zu unterschiedlichen Anlässen erfolgreich zusammenarbeitet.

Inhalt

Anstelle eines Vorworts

In den ersten fünf Minuten nach meiner Geburt im Bensberger Krankenhaus Vincenz-Palotti war ich der glücklichste Mensch auf der Welt. Kaum war ich draußen, hatte ich im Kreißsaal ein Schild gesehen – „Vincenz-Palotti" – und dachte: „Wow, du bist ein Italiener!"

Doch dann fiel mein Blick aus dem Fenster, und mir wurde sofort klar: „Egal, was das hier ist – es ist auf keinen Fall Italien!"

Aber mittlerweile habe ich meinen Frieden damit gemacht, dass ich Rheinländer und kein Italiener geworden bin. Außerdem sind sich Rheinländer und Italiener, zumindest was die Lebensfreude und das Laissez-faire angeht, in vielerlei Hinsicht ähnlich.

Bei beiden ist Pünktlichkeit ein dehnbarer Begriff. Die größte Herausforderung, sowohl im Rheinland als auch in Italien ist es, in der Öffentlichkeit nicht in ein Gespräch verwickelt zu werden. Und hier wie dort ist die beliebteste Bank die „lange", auf die gerne alles geschoben wird.

Und überhaupt: Ich hätte es, was meinen Geburtsort angeht, weitaus schlimmer antreffen können. Schwaben, Sachsen oder Westfalen stehen ja beispielsweise nicht gerade für elysische Lebensfreude, toskanische Leichtigkeit und Humor. Und mit Letzterem verdiene ich schließlich mein Geld.

Da ist es schon praktisch, wenn man mir bundesweit bei Vorträgen augenzwinkernd und mit wohlwollendem Unterton attestiert „Man merkt ja schon, dass Sie Rheinländer sind."

Was natürlich auch nicht ganz frei ist von dem Unterton „Nix in der Hose, aber La Paloma pfeifen, das könnt ihr Rheinländer."

Aber ich finde eben, man kann für Schlechteres stehen als Spaß am Leben. Im Laufe meines Berufslebens habe ich übrigens immer wieder festgestellt, dass dieser rheinische Rohstoff in Motivationsvorträge gekleidet, landauf, landab reißenden Absatz findet. Es gibt also eine große Nachfrage dafür.

Nun bin ich jedoch der Letzte, der die reichlich vorhandenen Untugenden der Rheinländer verschweigen will. Oft genug leide ich selbst darunter. Also wird auch davon manches zu lesen sein.

An dieser Stelle sei nur erwähnt, dass wir Rheinländer auch zu den Weltmeistern in Sachen Kirchturmdenken und Lokalpatriotismus gehören.

Nun ist ja auch Rheinländer nicht gleich Rheinländer. Ich selbst bin, wie schon erwähnt, Bergisch Gladbacher und gehöre damit zum Kölner Einzugsbereich. Außerdem bin ich mit einer Kölnerin verheiratet und habe zwei Kinder, die in Köln geboren sind. Ich bin also zugegebenermaßen etwas parteiisch.

Dieser Umstand ist auch nicht dadurch abgemildert worden, dass auch mein Freund und Mitautor Thomas Brückner überzeugter Kölner ist. Er glaubt, dass wenn eines Tages seine Überreste von Archäologen ausgegraben werden sollten, diese feststellen würden, dass sogar seine Knochen rot-weiß gestreift sind.

Trotzdem gehören wir beide nicht zu den Leuten, die nur nach Düsseldorf fahren, um Gefangene auszutauschen. Ich tue das zum Beispiel auch, um mich einzukleiden und mit meiner Frau nett essen zu gehen. Also: Wenn vielleicht auch beim einen oder anderen Artikel mangelnde Neutralität durchzuschimmern scheint, wir haben uns redlich bemüht, auch Köln verbal gebührend vors Schienbein zu treten und zudem ausgewiesene Düsseldorf-, Aachen- oder Bonnfans die entsprechenden Passagen gegenlesen zu lassen. Schließlich wollen wir ja alle unser Fett wegkriegen.

Also viel Spaß bei dieser kleinen, augenzwinkernden Einführung in rheinische Lebensart und Lebensunart. Wo immer Sie es auch lesen mögen – ob als Betthupferl, morgens in der Bahn auf dem Weg zur Arbeit oder alleine auf dem stillen Örtchen. Sie dürfen es natürlich auch gerne als Quelle für private Büttenreden, Geburtstagsansprachen und andere Anlässe nutzen.

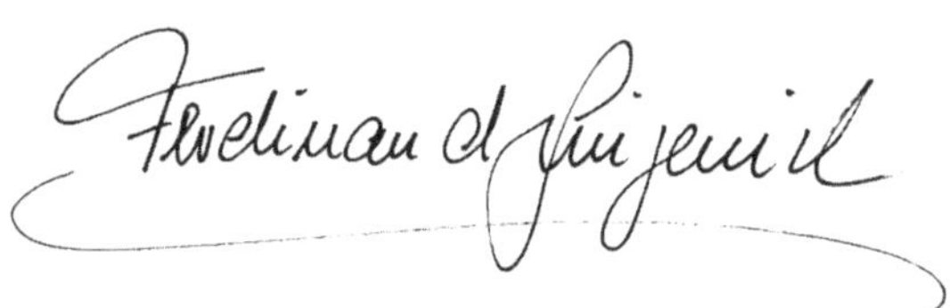

K wie Kirchturmdenken

Von „A" (wie Aachen)

bis „C" (wie Clown)

A

Ä

Rheinischer Mischbuchstabe für die Vokale „e" und „a"

Aachen

Ostholländische Grenzstadt, die versehentlich in Deutschland liegt. Berühmt für ein Gebäck, das auch zum Fliesen von Bad und Toilette geeignet ist. (→ Printe)
Heimat des berühmtesten Prominentenstalkers der Welt, Hermann Bühlbecker. (→ Printe, grinsend)
Aachens Ruf begründet sich vor allem auf seiner Stellung als Ponyhof für die High Society. (→ CHIO)
Außerdem: einziger Verleihungsort für die humoristische Variante des Bundesverdienstkreuzes (→ Orden wider den tierischen Ernst).

Aap

Im weitesten Sinne in Köln die Bezeichnung für einen Vertreter der zoologischen Gattung der Primaten.
Im engeren Sinne liebevoller Kosename für einen populären Berufsboxer, dessen Zugehörigkeit zur zoologischen Klasse der Primaten jedoch nie zweifelsfrei nachgewiesen werden konnte.

Adam

Mythischer Urvater aller Menschen. Die Abstammung der Rheinländer von ihm ist allerdings zweifelhaft, da von Adam überliefert ist, dass er sich stets an die Regeln seines Chefs hielt, nicht mal zu Karneval ein Kostüm trug und sich von seiner Frau zu einem Obsttag überreden ließ.

Adel

Abkömmling einer weit zurückzuverfolgenden, familiären Stammeslinie. Im Rheinland hauptsächlich bei karnevalistischen Federträgern und Rassehunden zu finden.

Adenauer, Konrad (Kölner Politiker, 1876 -1967)

Rheinischer Methusalem, der Köln viel hinterlassen hat – vor allem seine Familie und Bäume. (→ Grüngürtel) Hat erst als Pensionär Weltruhm erlangt. Beliebtester Pate für Straßenbezeichnungen nach John F. Kennedy, den Geschwistern Scholl und einem gewissen „Haupt".

ADS

Medizinische Bezeichnung für das rheinische Lebensgefühl nach Einbruch der Dunkelheit.

Agrippa (64 v. Chr. – 12 v. Chr.)

Römischer Feldherr, nach dem ein beliebtes Kölner Hallenbad benannt wurde, da er dem Vernehmen nach auf seinen Feldzügen im Rheinland häufiger baden gegangen ist. Vater von (→ Agrippina).

Agrippina (15 n. Chr. – 59 n. Chr.)

Altrömisches Boxenluder, Tochter von (→ Agrippa), Schwester von (→ Caligula).
Agrippina gilt hierzulande als die Gründerin Kölns. Was aber nicht viel zu sagen hat, der 1. FC Köln gilt ja hierzulande auch als Erfinder des Fußballs.

Ahl

(die -) Im Rheinland liebevolle Bezeichnung für Damen fortgeschrittenen Alters, an denen kein erotisches Interesse mehr besteht. Mit dem Possessivpronomen „ming" versehen: Bezeichnung für Langzeit-Ehefrauen jenseits der Silberhochzeit.
(dat -) Liebevolle Bezeichnung für Damen jeglichen Alters, an denen kurzfristiges erotisches Interesse besteht.
(dä -) Phonetisch für pipeline-förmige Fischart, die in doppelter Hinsicht als schlüpfrig gilt.

Ahrtal

Größte Freilandhaltung für rheinische Senioren, die gerne mit dem dort angebauten alkoholischen Traubensaft sediert werden.

Ahrwein

Regionaler Rebensaft, der geschmacklich häufig aus dem Supermarkt zu kommen scheint, jedoch preislich häufig aus den besten Lagen des Burgund.

Alaaf

Universelle Kommunikationsformel im Kölner Karneval – und neuerdings auch auf Weihnachtsmärkten.
Meist mit dem Zusatz „Kölle" versehen und sicherheitshalber in dreifacher Wiederholung ausgerufen. Hat in etwa die gleiche Bedeutung wie das „Hosianna" bei Gottesdiensten und stärkt das Gemeinschaftsgefühl im Karnevalsrudel. Wird bei karnevalistischen Zusammenrottungen deshalb mindestens alle 5 Minuten zu Gehör gebracht. Als günstig erweist sich dabei die Kombination von 3 x „A" mit den weichen Konsonanten „L" und „F", die dem Begriff auch bei hohem Alkoholkonsum noch eine unvergleichliche Benutzerfreundlichkeit verleihen.

Alibi

Erlogene Ausrede, die von guten Freunden gerne bezeugt wird.

Alimente

Mitunter jahrzehntelange Zahlungsverpflichtung nach Verkehrsunfällen.

Almhütte

Alpine Abspielstätte für Karnevalslieder. Halb so gute Akustik wie im Gürzenich, aber doppelt so gute Stimmung durch eine alpine Droge namens „Jagertee".
Es besteht eine Art Kostümpflicht, allerdings ist die Variationsbreite der Kostüme beschränkt auf Skihaserl, Skilehrer, Almdirndl und Lederhosen-Sepp.

Alt

Singstimme bei Frauen.
Lokales Antidepressivum in Düsseldorf und Umgebung. Wird von den Einheimischen als Bier bezeichnet, was aber außerhalb des Niederrheins stark angezweifelt wird. Wirkt vom optischen Eindruck wie schäumendes Lakritzwasser, schmeckt allerdings eher wie Malzbier mit Korn.

Altenberg

Beliebtes Ausflugsziel in der Umgebung von Köln. Bekannt für seinen Märchenwald und „Bergische Waffeln" zu überhöhten Preisen. Einziger Ort der Welt mit einer Kathedrale im Wald.
Umgangssprachliche Bezeichnung für die Überalterung unserer Gesellschaft.

Ansichtskarte

Posterzeugnis zur Formulierung von Urlaubsübertreibungen, die durch ein geschöntes Foto auf der Rückseite bestätigt werden sollen.

Anuga

Kölner Sodbrenn-Olympiade, bei der man alles essen kann außer den Eintrittskarten.

Arbeit

Hauptursache für die relative Unbeliebtheit der Wochentage von Montag bis Freitag im Rheinland.

Archäologie

Hauptursache dafür, dass nach dem ersten Spatenstich Bauvorhaben in Köln bis zur Fertigstellung etwa dreimal so viel Zeit in Anspruch nehmen wie im übrigen Bundesgebiet.

Architekt

Im Rheinland künstlerischer Bauingenieur mit Hang zu Höherem. Baut am liebsten Kathedralen, Opernhäuser oder Hängebrücken nicht unter 3 Kilometern. Während er auf diese Projekte wartet, nimmt er auch zur Überbrückung kleinere Aufträge an, wie Eigenheime, aus denen er dann versucht, Kathedralen, Opernhäuser oder Hängebrücken zu machen.

Architektenhaus

Nahezu unverkäufliche Immobilie mit geringer Wohnqualität, aber hohem Heiterkeitsfaktor, in gehobenen Wohnlagen des Rheinlands. Wird gerne an Sehbehinderte verkauft, vorausgesetzt, der Blindenhund fängt nicht vorschnell an zu jaulen.

Arschloch

(ohne gesprochenes „r") Von der regionalen Rechtsprechung abgesegnete deftige Form höchster Anerkennung im kölschen Sprachraum. „Na, Du Aaschloch" ist deshalb als Anrede nur unter engen Freunden und Saufkumpanen angemessen und üblich.
(mit gesprochenem „r") Formel zur Würdigung lokalpolitischer Größen.
(ohne gesprochenes „-loch") Eine selten vergeblich ausgesprochene Einladung zu einem gerne in Handgreiflichkeiten mündenden Streitgespräch.

Art Cologne

Rheinisches Society-Schaulaufen unter dem Vorwand, sich für moderne Kunst zu interessieren. Bei vielen der ausgestellten Kunstwerke fällt es dem Betrachter schwer zu entscheiden, ob der Künstler sie gemalt oder erbrochen hat.

Aschermittwoch

Nach Neujahr die zweite Chance gute Vorsätze über Bord zu werfen. Großartiger Marketing-Coup der Fischindustrie. Hat den 11. 11. als Sessionsbeginn der kommenden Karnevalszeit im Rheinland abgelöst.

Aspirin

Einziges Leverkusener Erzeugnis, das den Kölnern keine Kopfschmerzen bereitet. Beliebter karnevalistischer Absacker.

Ausrede

Wichtigstes rhetorisches Element rheinischer Redekunst. Den Ausreden nach zu urteilen, hat jeder Rheinländer mindestens 8 bis 10 bettlägrige Großeltern, die regelmäßiger Pflege bedürfen und trotzdem alle paar Monate beerdigt werden.

Ayurveda

Kostspielige Variante der letzten Ölung zur Wiederauferstehung, die jedoch nicht von Priestern verabreicht wird. Hat im Rheinland klassische Hausmittel wie Kamillendampfbäder und Wadenwickel zur Bekämpfung eingebildeter Leiden in gehoben Kreisen weitgehend abgelöst (→ Yoga, → Thalasso).

Azvenzkranz

(früher) Volkstümliche Verwertung von Nadelbaumbruchholz.
(heute) Vorweihnachtliches Lieblingsaccessoire von Frauen zur Befriedigung ihres natürlichen Einkaufstriebes.
Einziges kölsches Wort mit drei „Z".
Mittlerweile wichtigster Arbeitgeber der heimischen Feuerwehr, nachdem sich am Christbaum die elektrische Kerze durchgesetzt hat.

B

Babypinkeln

Wichtigste Wochenbettübung frisch gebackener rheinischer Väter

Baileys

Mit Whiskey verdünnter Pudding, der nicht unerheblich zum Kölner Bevölkerungswachstum beigetragen hat.

Ballermann

Bei Rheinländern beliebte Freiluftkneipe (→ Mallorca), wo die Cocktails in Eimern serviert werden.

Bank

Institution, die darauf hinarbeitet, den Kunden möglichst deren eigenes Geld zu überhöhten Zinsen zu verleihen.
Zu den beliebtesten Banken gehören im Rheinland die Sparkasse und die lange Bank.

Bankett

Nicht öffentliche Reichenspeisung an großen runden Tischen, bei der man isst, was einem nicht schmeckt, während man mit Leuten, die einen nicht interessieren, über Dinge spricht, von denen man keine Ahnung hat.

Bauer

Spielfigur im Schach mit geringer Variationsbreite.
Spielfigur im Karneval mit geringer Variationsbreite. Protokollarische Anrede: „Euer Deftigkeit", Symbolfigur für die Wehrhaftigkeit Kölner Männer (→ Schlacht bei Worringen) und Frauen (→ Sommerschlussverkauf).

Baugenehmigung

Selten erteilte behördliche Zulassung zum Bau eines Hauses. Wobei mit Zulassung heutzutage meist gemeint ist, die betreffende Akte wird nicht geöffnet, also zugelassen.

Bayer Leverkusen

Fußballverein mit angeschlossenem Chemie-Unternehmen. Wird bei Liga-Rivalen auch gerne „Pillenclub" genannt.

Beamter

Drittbeliebtester Beruf im Rheinland nach Lottogewinner und Rentner. Die Traumkarriere: Nach dem Abitur Übernahme in den gehobenen Dienst. Danach intensive Fortbildungen zur Höherqualifizierung, entsprechende Beförderungen und ein Sabbatjahr.
Mitte 30: erstes Burn-out. Mehrjährige Sanatoriumsaufenthalte. Zur Wiedereingliederung Teilzeit bei vollen Bezügen. Beförderung auf eine Position, die dem Gesundheitszustand entsprechend weniger stressig, aber besser bezahlt ist. Intensive Bemühungen, den eigenen Nachwuchs in angemessener Weise im öffentlichen Dienst unterzubringen.
Mitte 50 Bandscheibenvorfall, zweites Burn-out und Angststörungen beim Anblick unerledigter Akten. Letzte Beförderung und Vorruhestand. Danach ca. 40 Jahre lang ein unbeschwertes, gesundes Leben als Pensionär (→ Öffentlicher Dienst).

Beerdigung

Im Rheinland beliebte Gelegenheit, bei einem gemütlichen Spaziergang ein paar alte Freunde wiederzusehen und mit diesen anschließend bei freiem Essen und Trinken in sentimentalen Erinnerungen zu schwelgen (→ Fell versaufen).

Beethoven

(Ein Hund namens -) Berühmter Hollywoodfilm.
(Ein Denkmal namens -) Vor der Bonner Hauptpost stehende Vogeltoilette, die ursprünglich dem Andenken des Komponisten gewidmet war. Wobei nicht ornithologisch zweifelsfrei geklärt werden konnte, warum sich ausgerechnet die Tauben von der Figur angezogen fühlen.

Beharrlichkeit

Charaktereigenschaft, die im Rheinland nur sichtbar wird, wenn es darum geht, Karten für die „Lachende Köln-Arena" zu ergattern.

Beikircher, Konrad (Kabarettist, geb. 1945)

Neben Speck und Schüttelbrot beliebtester südtiroler Importartikel im Rheinland. Hat mittlerweile völlig vergessen, wo er ursprünglich herkommt.

Bergisch Gladbach

Altersruhesitz Kölner Beamter und Schlafstadt betuchter Kölner Bürger. Fundgrube für Fossilien aller Art (→ Kreidezeitliche Ablagerungen – → Pensionäre).
Bergisch Gladbach genießt zudem den Ruf eines Freilandmuseums für Bausünden und ist in der Rangliste der langweiligsten Städte der Welt regelmäßig unter den Top Ten zu finden.
Was die zukünftige wirtschaftliche Entwicklung angeht, baut die Stadtverwaltung darauf, dass, dank des durch die Klimaerwärmung steigenden Meeresspiegels, Bergisch Gladbach in wenigen Jahren zum St. Tropez Nordrhein-Westfalens werden könnte. Weitere ernstzunehmende Pläne zur Wirtschaftsförderung gibt es zur Zeit nicht.

Berlin

Als architektonisches Freilichtmuseum, Mekka für Straßenmusikanten, Hartz IV-Empfänger und partyaffine Politiker ist Berlin bis heute das (noch) unerreichte Vorbild für rheinische Metropolen wie Köln oder Düsseldorf.

Bescheidenheit

Charakterliche Tugend, die in Köln spätestens verloren gegangen ist, als die Kölner beschlossen hatten, den Dom zu bauen (→ Demut).

Bettler

Im Mittelalter Kölns dritthäufigster Männerberuf nach Mönch und Schankwirt. Berufsgruppe, deren Arbeit es ist, keine Arbeit zu haben. Wird heute vorwiegend von südosteuropäischen Schauspiel-Ensembles ausgeübt, da einheimische Bettler sich heutzutage in Kleidung und Auftreten kaum noch von normalen Passanten abheben (→ Rumänen).

Beuys, Josef (1921 - 1986)

Düsseldorfs berühmtester Hutträger, künstlerischer „Kopfschütteln-Hervorrufer" und Badewannenverschmutzer. Machte den Beruf der Putzfrau weltberühmt.

Beziehungen

(→ Klüngel) Im Rheinland eine Art zweite Währung, mit der man sogar das bekommt, was man für Euro nicht kaufen kann.

Bildung

In Köln die Fähigkeit, alle Meistermannschaften des 1. FC Köln auswendig zu kennen.

Böll, Heinrich (Schriftsteller & Nobelpreisträger 1917 – 1985)

Erster unwiderlegbarer Beweis, dass Kölner international auch ernst genommen werden können. Auch wenn seine Buchtitel – „Ansichten eines Clowns" (Kölner Lokalpolitik), „Billard um Halb Zehn" (Pünktlichkeit und frühes Aufstehen), „Fürsorgliche Belagerung" (Kölner Kneipen), „Gruppenbild mit Dame" (Quotenfrau im Rathaus) – durchaus kölsche Lebensart widerzuspiegeln scheinen.

Bonn

Vor der Wiedervereinigung niedlicher deutscher Hauptstadt-Dummy. Sehr übersichtlich. Einziger Regierungssitz der Welt ohne Vergnügungsviertel. Wurde von ausländischen Diplomaten deshalb auch zum drittbeliebtesten Verbannungsort nach Pjöngjang und Ouagadougou gewählt.
Bonn nennt sich selbst gerne „Beethoven-Stadt", da die belgischen Eltern dieses weltberühmten Komponisten während der Schwangerschaft keine Rheinfähre bekamen und deshalb in Bonn festsaßen, bis die Wehen einsetzten.
Beethoven selbst verließ die Stadt mit Anfang Zwanzig. Mehrere Versuche der Bonner, ihn zur Rückkehr zu bewegen, stießen danach auf taube Ohren.

Bonobo

Primatenart mit erstaunlich menschenähnlichen Gewohnheiten, die ihre Konflikte gerne mit Sex lösen. Dass die Namensgebung irgendwas mit Bonn zu tun haben könnte, ist nur ein bösartiges Gerücht.

Bramson & Munkes

Pat und Patachon von Bonn. Der Name wird von Nicht-Einheimischen gerne irrtümlich einem Bekleidungs- oder Einrichtungshaus zugeschrieben.

Bratkartoffelverhältnis

Mätressentum mit Vollpension

Brauchtum

Beliebter Generalvorwand für das hemmungslose Absperren ganzer Innenstadtbereiche und den damit verbundenen Zusammenbruch der öffentlichen Ordnung (→ Tradition).

Brauerei

Produktionsstätte für rheinische Grundnahrungsmittel. Letzte Arbeitsstätte in Deutschland, wo man sich zuhause nicht rechtfertigen muss, wenn man nach Dienstschluss eine Fahne hat.

Braunkohle

Naturgegebener Vorwand, um hässliche Siedlungen westlich von Köln wegzubaggern.

Brille

(rosarote -) Rheinische Standardsehhilfe;
(für Männer) Zieleinrichtung auf Toiletten.

Buffet

Möbelstück, das jeden Raum erschlägt;
Nahrungsangebot, das jeden Magen erschlägt.

Burn-out

Medizinische Bezeichnung für das rheinische Lebensgefühl kurz nach dem morgendlichen Aufstehen.

Bütt

Mobile Startrampe für schlechte Witze.

Büttenredner

Hochbezahlte Lachnummer. Früher mit rheinischem Sendungsbewusstsein und mundartlichem Talent. Heute eher die fröhliche Variante eines Staubsaugervertreters. Hält im Sommer Winterschlaf. Einzige berufliche Voraussetzung: kann sich gut Witze von Kollegen merken und hat selten ein Problem mit Alkohol. – Ohne Alkohol allerdings häufig.

Bützje

Erotisches Almosen. Wird großzügig angeboten und darf trotz nicht geringer gesundheitlicher Gefahren (→ Herpes) nicht abgelehnt werden, besonders nicht von karnevalistischen Würdenträgern.
Ist außerdem als gängige Währung für Freibier und Strüßjer üblich.

C

Cabrio

Fahrbare Sonnenterrasse. Wird bei plötzlich einsetzendem Regen zur rollenden Badewanne. Dient im Sommer in Innenstädten mit ausreichender Außengastronomie auch als mobile Werbefläche für Egoshooter.

Café

Eckkneipe für Witwen; Sahnesanatorium.

Café to go

(früher) Mieser Kaffee, der einen zum sofortigen Verlassen des Cafés animierte.
(heute) Portables Heißgetränk im Pappbecher. Hat übrigens nichts mit dem westafrikanischen Staat „Togo" zu tun, wie manche ältere Rheinländer immer noch annehmen.

Caligula (römischer Kaiser, 12 n. Chr. – 41 n. Chr.)

Erster Kölner Hooligan, der in Rom bereits lange vor dem Einsetzen des Italien-Tourismus unangenehm auffiel.
Später berühmter Zirkus-Impresario, der unter anderem beliebte Raubtiernummern erfunden hat, bei denen allerdings noch die Dompteure verfüttert wurden (→ Roncalli, → Christenverfolgung).

Call-Center

Akustische Drückerkolonne. Seltene Gelegenheit für die Angerufenen, ihren telefonischen Bekanntenkreis auf deutschsprachige Personen in Rumänien oder Indien auszudehnen.

Campingplatz

Parzellierter Massengrillplatz mit der Anmutung eines Kriegsgefangenenlagers. Standort für bewohnbare Puppenhäuser, die entweder Anhänger sind oder Anhänger haben. Das Beherrschen der holländischen Sprache ist für die Verständigung durchaus hilfreich.

Capuccino

(früher) Trinkbare Sahnetorte mit Kaffeegeschmack;
(heute) eine Art Latte Macchiato mit mehr Kaffee;
flüssige Eintrittskarte an Flaniermeilen.

Car-Sharing

Automobiler Straßenstrich für Motorisierungsmuffel, die es auch mal nötig haben – wenigstens ab und zu.

Carpaccio

Geniale italienische Idee, sehr wenig Fleisch für sehr viel Geld zu verkaufen.

Casting-Show

Freiwilliger Pranger. In Köln am Tanzbrunnen erfundene Methode, völlige Talentlosigkeit vor großem Publikum zu offenbaren.

Cc

Lieblingskürzel digitaler Nervensägen;
Werkzeug zur virtuellen Arbeitsabschiebung

CDU

Politischer Freundeskreis des Erzbischofs. Langjährige Splitterpartei im Kölner Rat.
Vor allem die Kölner CDU erlangte dadurch bundesweite Bedeutung, dass sie lange Jahre auf den Titel „Peinlichster Ortsverband Deutschlands" abonniert war.

Champagner

Trinkbares Statussymbol. Deshalb werden Champagnerflaschen in Restaurants auch immer mit gut lesbarem Etikett in den Eiskübel gestellt, sodass es auch am Nebentisch noch gut zu erkennen ist. Beliebte Marken im Rheinland sind „Möed Schandong", „Wöff Klicko" und „Aldi".

Charme

Rheinische Selbstverteidigungskunst bei jeglichen Krisen, die von regionaltypischen Unzuverlässigkeiten hervorgerufen werden.

Chop Suey

Ostasiatischer Eintopf, dessen einziger unverzichtbarer Bestandteil Glutamat ist.

Christmette

(früher) Weihnachtliche Mitternachtsmesse mit durchschlagend wärmender Wirkung, durch einen hohen Gehalt gerade erlebter Spiritualität und zuvor genossener Spirituosen.
(heute) Lärmender nachmittäglicher Kindergeburtstag mit Happening-Charakter, umrahmt von einem Kindertheaterstück um eine antike nahöstliche Hartz-IV-Empfängerfamilie mit einem bis heute nicht geklärten Vaterschaftskonflikt.
Außerdem für Atheisten die einzige Gelegenheit, eine Kirche zu betreten, ohne sich anschließend vor sich selbst rechtfertigen zu müssen.

Christopher Street Day

Hochsommerliche, gender-korrekte Spielart des Rosenmontagszuges. Während des CSD wird die Domstadt vorübergehend zu (Kon)Domstadt.
Getragen werden beim CSD im Wesentlichen drei Kostümvarianten: oben ohne, unten ohne und ganz ohne.

Clown

Einfallslose Variante eines Karnevalskostüms;
grell bemalter Kinderschreck;
anderes Wort für „Lokalpolitiker".

Cochem

Rüdesheim der Mosel mit besserer Aussicht – vor allem auf Hochwasser.

Von „D“ (wie Dachschaden) bis „F“ (wie Funken)

D

Dachschaden

Liebevolle umgangssprachliche Beschreibung für suboptimale Denkleistungen.
Architektonische Besonderheit des Kölner Doms.

Dackel

Tiefergelegter Schäferhund. Hat sich aus Platzgründen lange Zeit in rheinischen Innenstädten durchgesetzt – gewissermaßen als „Fiat 500" der Hunderassen.

Dankbarkeit

In Köln das tiefempfundene Gefühl, kein Düsseldorfer geworden zu sein. In Düsseldorf das tiefempfundene Gefühl, kein Kölner geworden zu sein.

Dark Room

Begehbare homoerotische Wundertüte mit greifbaren Ergebnissen.

Dativ

Dem Rheinländer sein liebster Fall.

Decke Trumm

Umgangssprachliche Bezeichnung für Damen mit einschüchternden Kleidergrößen.
(hochdt. Dicke Trommel) Im Karneval häufig zum Einsatz gebrachtes Schlagzeug, das man auch mit dem Magen hören kann. Die Beliebtheit der „decken Trumm" rührt wohl nicht zuletzt daher, dass sie auch völlig unmusikalischen und motorisch minderbegabten Zeitgenossen den Eindruck vermittelt, sie würden ein Musikinstrument beherrschen.

Deckel rund trinken

Königsdisziplin des Kneipen-Dreikampfs (→ Dünnpfiff labern, → Fresse polieren).

Dekolleté

Teil der weiblichen Anatomie, in dem die Ursache zu finden ist, dass Männer oft Schwierigkeiten haben, sich an die Augenfarbe einer Frau zu erinnern. Wird mitunter zum tragbaren Silicon-Valley ausgebaut.

Demografie

Wissenschaftliche Begründung für das Stilllegen von Buslinien und Schließen von Büchereien im rheinischen Hinterland.

Demografischer Wandel

Statistische Ursache dafür, dass die Bushaltestelle, die nur 10 Minuten von ihrem Haus in Burscheid entfernt ist, in wenigen Jahren stillgelegt wird.

Demut

Große menschliche Charaktereigenschaft. Nach Ansicht der meisten Rheinländer weit überschätzt. Bei Fans des 1. FC Köln sogar als geistige Behinderung anerkannt.

Deutsch

Drittverbreitetste Fremdsprache in Köln nach Türkisch und Englisch.

Deutschland

Exotisches Hinterland der Rheinprovinz, dessen Siedler so ungewöhnliche Gewohnheiten wie Sparsamkeit, Fleiß und Pünktlichkeit an den Tag legen.

Dialekt

Sprachliches Unterscheidungsmerkmal, welches dafür sorgt, dass man im Rheinland „Kirschen" nicht isst, sondern besucht.

Diät

Moderner Hungerstreik zur Durchsetzung niedriger Kleidergrößen.

Diskussion

Im Rheinland ein akustisches Phänomen, in dem alle Beteiligten gleichzeitig ihre Meinung sagen, obwohl niemand da ist, der sie hören möchte.

Dom

Einziges Gebäude der Welt, an dem 600 Jahre gebaut wurde und wo man bis heute noch nicht mit dem Verklinkern fertig ist.
Spielt heute eine wichtige Rolle als großzügig gestaltete Freiluftlatrine in Bahnhofsnähe.
Im Innern werden Touristengruppen gerne die sterblichen Überreste dreier orientalischer Pauschaltouristen gezeigt, deren Erlebnisse in einem Ein-Sterne-Hostel im Nahen Osten zur Gründung einer Weltreligion geführt haben (→ Heilige Drei Könige).

Dombauhütte

Ansammlung von Arbeitsplätzen, deren Existenz auf unabsehbare Zeit nicht in Frage steht.

Dombesteigung

In Köln für Einheimische ein in der Regel einmaliges Erlebnis im Grundschulalter. Wird bei erwachsenen Kölnern nicht nur wegen der vielen Treppenstufen als drohender Selbstmordversuch angesehen.

Domkapitel

Rheinisch-katholisches Widerstandsnest gegen römisch-katholische Machtansprüche.

Domplatte

Erste Skateboard-Arena der Welt, in der für den Hindernis-Parcours Touristen verwendet werden.

Döner

Orientalische Drehspieß-Frikadelle. Undefinierbarer Fleischhaufen, der sich karussellartig an einer Höhensonne vorbeidreht, um seine hässliche graue Farbe zu verlieren. Wird zum Verkauf gerne mit Teiglederlappen und Quark getarnt.

Drachenfels

Nach dem Dom höchster Gipfel im Rheinland. Wird mindestens ebenso gerne bestiegen, allerdings lässt sich hier auf die Hilfe von Eseln zurückgreifen.
Der Name ist übrigens darauf zurückzuführen, dass ein gewisser Siegfried im frühen Mittelalter gegen sämtliche Artenschutzabkommmen verstoßen hatte, indem er den letzten Vertreter einer vom Aussterben bedrohten Reptilienart aus niederen persönlichen Motiven (→ Heldentum) erlegt hatte.

Dreigestirn

Saisonale Dreiecksbeziehung mit starkem Hang zu infantilem Verhalten zwischen zwei Folklore-Tunten und einem Transvestiten ohne wechselseitiges erotisches Interesse. Der Dienstwagen ist ein klobiges, möglichst kitschig gestaltetes Cabriolet, das von einem Traktor gezogen und nur einmal im Jahr benutzt wird.
Kriterien für das Auswahlverfahren für Mitglieder des Dreigestirns sind: hoher Selbstdarstellungsdrang, geringes Schamgefühl, erstklassige Leberwerte und Verschwendungssucht. Können während ihrer überaus kurzen Amtszeit überall überraschend auftauchen, bevorzugt in Einrichtungen, wo die Insassen nicht weglaufen können (→ Altenheime – → Kindertagesstätten – → Ratssitzungen).

Drittes Reich

Geschichtliche Epoche, die dafür verantwortlich ist, dass in den Chronologien rheinischer Vereins- und Verbandsfestschriften auf Silvester 1932 meist unmittelbar Neujahr 1946 folgt.

Dumm

(→ Dummheit);
(Anton, „Dummse Tünn") Kölner Zuhälter im Ruhestand. Langjähriger lebendiger Sandsack für Schäfers Naas (→ Schäfer, Anton).

Dummheit

Intellektuelle Serienausstattung;
Mindeststandard für den Erwerb des heutigen Abiturs.

Dünnpfiff labern

Bevorzugte Kommunikationsform in Kneipen ganz allgemein und an Theken im Besonderen (→ Heldentum).

Düsseldorf

(in Köln) Unbedeutender nördlicher Kölner Vorort;
(in Aachen) die Gefahr aus dem Osten;
(in Mönchengladbach) ehemaliges Ausweichstadion für Borussia Mönchengladbach;
(in Bonn) zweitwichtigster Regierungssitz des Landes;
(allgemein) exklusives Shopping-Center im Norden Kölns, bekannt für seine „Toten Hosen" (→ Landtag – → Punkband – → Fortuna Düsseldorf).

Düsseldorfer Altstadt

(früher) Vorläufer des Ballermann;
(heute) japanisches Promille-Phantasialand.

Düsseldorfer Radschläger

Historische verbürgte Bande von Halbstarken, die bereits im 19. Jahrhundert einen wenig abwechslungsreichen Vorläufer des Breakdance ohne Musik erfunden haben.

Düsseldorfer Tabelle

Preisliste für Männer, die innehalten, ihre Familie auszuhalten und nun Bescheid erhalten, sie müssten sie unterhalten.

E

Ehe

Kurzform des früheren Credos sittsamer rheinischer Mädchen „Ehe ich mit einem Kerl schlafe, muss der mich heiraten".
Dauerhafte Beziehungs-Flatrate, die Scheidungsanwälten zu Wohlstand und Büttenrednern zu Pointen verhilft.

Ehrgeiz

Innere Antriebskraft, mit der Rheinländer sparsam umgehen.

Ei

Spitzname eines berühmten Karnevalisten, der im Duett mit einem verhaltensauffälligen Kollegen aufgetreten ist.

Eifel

Transsylvanien des Rheinlandes mit sibirischen Verhältnissen im Winter und sommerlichen Verhältnissen, wie in den Pribjetsümpfen. Herkunftsort vieler schrulliger rheinischer Familien (→ Linzenich).

Elf

(der -) Mitglied eines Volksstamms aus Tolkiens Roman „Herr der Ringe".
(die -) Gruppe von einheitlich gekleideten, sorgfältig ausgewählten und teuer bezahlten Jugendlichen, die auf einer mit Kreidestrichen verzierten Wiese damit beschäftigt sind, einen Lederballon durch ein Gartentor zu befördern.
Im Rheinland wird dies jedoch nur mit mäßigen (→ Bayer Leverkusen – → Borussia Mönchengladbach), sehr mäßigen (→ 1. FC Köln) oder praktisch ohne jeglichen Erfolg (→ Fortuna Düsseldorf – Alemannia Aachen) betrieben.

Elferrat

Letzte männliche Domäne neben Priestertum und Prostataleiden. Lebendige Bühnendekoration bei Karnevalsveranstaltungen (→ Sitzung) bestehend aus trinkfesten Phlegmatikern. Zulassungsvoraussetzungen: Fähigkeit zu gelegentlichem Aufstehen, Kappengruß und selbstständigem Atmen.

E wie Elferrat

E-Mail

Digitaler Sprechdurchfall.

Enkel

Späte Rendite fürs Kindergroßziehen.

Erbe

Familiäre Zeitbombe mit langer Zündschnur (→ Vatermörder).

Erfolg

Der halbwegs positive Ausgang eines Geschehens, das in der Erinnerung von Jahr zu Jahr an Großartigkeit gewinnt.

Erna

Vor dem II. Weltkrieg die „Chantal" des Rheinlands.

Erste Liga

Spielklasse im Fussball, wo der 1. FC Köln alle paar Jahre gezwungen ist, nach Leverkusen zu fahren.

Esch

(geografisch) Kölner Stadtteil, der seit der Oppenheim-Pleite über eine Umbenennung nachdenkt.
(Person) Ehemaliger Bankkonten-Gigolo und Millionärswitwentröster.

Et jeit esu!

Standardfloskel des rheinischen Stoizismus für nahezu hoffnungslose Lebensumstände.

Euro

Synonym für gleiche Preise bei halbem Gehalt. Europäische Einheitswährung, die dafür gesorgt hat, dass Rheinländer nicht einmal mehr im Ausland in den Ferien das Kopfrechnen üben.

Experte

Beliebter Zweitberuf der meisten Rheinländer, dessen einzige Anforderung darin besteht, mitzureden, ohne lange nachzudenken oder auch nur eine begründete Ahnung vom Thema zu haben. Experten rotten sich im Rheinland gerne zusammen (→ Diskussion). Viele treffen sich auch regelmäßig in Sportstadien oder an Kneipentheken, andere Expertenrunden entstehen spontan – z. B. wenn ein Ortsunkundiger in der Stadt nach dem Weg fragt oder eine junge Frau eine Fahrradpanne hat.

Ey

Empörter Ausruf im Rheinland zu Äußerung verschärften Protestes bzw. zur Wahrung persönlicher Interessen.
Mit der Vorsilbe „Boa" auch Ausdruck des Erstaunens.

F

Facebook

Weltweites digitales Netzwerk, das es möglich macht, einen großen Kreis von Menschen mit dem Aussehen des gerade zu verspeisenden Frühstücks-Müslis oder dem Anblick der frisch angezogenen Socken in Echtzeit zu konfrontieren.

Fahrrad

Beliebtes Verkehrsmittel zum Befahren von Fußgängerzonen und Einbahnstraßen gegen die Fahrtrichtung.
Wichtiges Lifestyle-Accessoire des rheinischen Gutmenschen. In entsprechenden Wohnvierteln wird praktisch alles mit dem Fahrrad transportiert, vor allem aber eine politisch-korrekte Gesinnung.

Fahrradstreife

Einzige Abteilung der Polizei, deren Angehörige mit Fug und Recht von sich behaupten können, dass sie sich im Dienst abstrampeln.
Gelungener Versuch, Polizisten – indem man sie in einen hautengen Babystrampler zwängt – auch noch das letzte bisschen Autorität und Würde zu nehmen.

Familie

Der Teil des Bekanntenkreises, mit dem es zu Erbstreitigkeiten kommen kann.

Fastelovendsjeck

Persönlichkeit mit starker positiver Affinität zum rheinischen Brauchtum. Heute meist japanischer (→ Fotografieren – → Reisegruppe) oder osteuropäischer (→ Komasaufen) Herkunft.
Unter gebürtigen Rheinländern ist der Fastelovendsjeck mittlerweile eine aussterbende Gattung und tritt noch am häufigsten im Skiurlaub auf (→ Almhütte).
Die Karnevalsgesellschaften versuchen dem entgegenzuwirken, indem sie Werbegeschenke verteilen (→ Prinzenspange – → Karnevalsorden – → Narrenkappe), die zumindest wertvoller erscheinen sollen, als die sonst üblichen Kamellen.

Fasten

In Köln ein heute nur noch 1-tägiger Brauch, der die Katholiken dazu verpflichtet, am ersten Mittwoch nach Karneval Fisch zu essen und dazu statt Kölsch Wein zu trinken.

Faulheit

Außerhalb des Rheinlandes eine Todsünde.

Feinde

Menschen, denen der Rheinländer am liebsten das „Sie" anbieten würde.

Fell versaufen

Kulinarische Leichenschändung.

Feng-Shui

Einrichtungs-Yoga. Hippe Form des Möbelstellens mit Placebo-Effekt. Lukratives Beschäftigungsfeld für Architekten mit Baustellen-Allergie.

Festkomitee

Zentralorgan der KPDSU (Abkürzung für „Kölsche Pappnasen, Danz & Suff Union"). Wichtigste Institution der lokalen karnevalistischen Selbstverwaltung.
Die Mitglieder sind honorige ältere Herren, die sich selbst nicht allzu lustig nehmen.

Festrede

Nachruf zu Lebzeiten.

Fissematenten

Umgangssprachlich für Unsinn. Wird irrtümlich auf die französische Besatzungszeit zurückgeführt. Mittlerweile haben Lokalhistoriker festgestellt, dass in Köln jedoch bereits im Mittelalter reichlich Unsinn gemacht wurde.
Kein nachweisbarer etymologischer Zusammenhang besteht nach heutigem Forschungsstand von Fissemat-enten mit Begriffen wie Flug-enten, Zeitungs-enten und Pati-enten.

Fisternöll

(in Köln und Umgebung) einheimische Variante des One-Night-Stands bzw. der lokalen Mätressenhaltung (→ Bratkartoffelverhältnis);
(am Niederrhein) Bastelei, Fummelei (→ Ikearegal).

F wie Festkomitee

Flönz

Neben „Halve Hahn“ zweites kulinarisches Mysterium der Kölner Küche. Es handelt sich um eine Blutwurst, die so zubereitet wird, dass sie die Konsistenz und Temperatur eines warmen Apfelstrudels annimmt.
Führt selbst bei Chinesen, die hundertjährige Eier und gekochten Hund gewöhnt sind, zu Würgereiz.

Flora

(medizinisch: Darm -) Schwer zu beobachtendes aber gut hörbares Biotop in den menschlichen Eingeweiden, das auf Nahrungsnaturkatastrophen mit Blähungen und Durchfall reagiert.
(Einrichtung) Öffentlicher Park mit Ballsaal bzw. Zoo ohne Tiere. Das Floragebäude ist neben dem Dom und der U-Bahn die größte Dauerbaustelle Kölns.

Ford

Einziges Kölner Industrieunternehmen, das über Wesseling und Frechen hinaus bekannt ist. Dass Ford eigentlich kein Kölner, sondern ein amerikanisches Unternehmen ist, wird mangels Alternativen gerne vornehm verschwiegen.

Fortuna Düsseldorf

Einzige rheinische Fußballmannschaft, gegen die selbst der 1. FC Köln eine kleine Chance hat zu gewinnen. Die Gelegenheit bietet sich allerdings nicht häufig, da sich beide Clubs auch ligamäßig gerne aus dem Weg gehen.

Frack

Standardkostümierung der honorigen Gesellschaft. Wird bevorzugt mit Orden, steifem Kragen und schmuckbehangener Begleitung getragen (→ decke Trumm).

Frankreich

Überteuerte Raststätte auf dem Weg nach Spanien.

Fremdenverkehr

Seitensprung mit unbekannten Teilnehmern;
sexuelles Blind Date;
Haupteinnahmequelle für rheinisches Kleingewerbe (→ Bettler – → Straßenkünstler – → Taxifahrer).

Fresse polieren

Kommunikation als Handwerk und mit klarem Ergebnis. Häufig ausgelöst durch Reizthemen, wie Fußball, Frauen oder Fahrtüchtigkeit.

Freunde

Personen, mit denen ein Rheinländer mehr als eine Viertelstunde in einem Lokal geplaudert hat.

Frikadelle

Durch den Wolf gedrehtes und danach in Handgranatenform gebratenes Brötchen mit kaum wahrnehmbarem Fleischaroma. Wird in Kölner Gaststätten bevorzugt mit angetrocknetem Senf serviert.

Frings (Kölner Erbischof, 1887 – 1978)

(Kardinal, Josef) Einziger Kölner Stadtheiliger, von dem Fotografien existieren. Rheinischer Fensterdurchlüfter beim II. Vatikanischen Konzil. Legte nach dem Krieg viel Wert auf Kohle.

Fringsen

Nach Kardinal (→ Frings) benannte Diebstahlsvariante von Kohle und Grundnahrungsmitteln, die zumindest im Jenseits keine richterlichen Konsequenzen haben sollte.

Fronleichnam

Karnevalsumzug im Mai, bei dem an die Stelle des Dreigestirns eine männliche Jungfrau tritt, die von einer Ehrengarde (→ Ministranten) begleitet in Brotform in einer Vitrine getragen wird, die sich wiederum unter einem mobilen Carport befindet. Weitere Unterschiede zum Winterkarneval: Kölschfässchen am Zugweg sowie spontane Bützje und Stippeföttche sind unerwünscht.

Frühschoppen

Altertümliche Form des Familienbrunchs ohne Familie und Essen.

Funken

Pyrotechnisches Phänomen, das in geschlossenen Räumen leicht zur Ursache unkontrollierbarer Brände werden kann.
Karnevalstechnisches Phänomen, das in geschlossenen Räumen (→ Sitzungssaal) leicht zur Ursache unkontrollierbarer Langeweile werden kann.
Da sich die unterschiedlichen karnevalistischen Funken weder durch ihr seit Jahrhunderten bewährtes Witzerepertoire noch durch ihre durchgängige als Folklore getarnte Verhaltensauffälligkeit unterscheiden, werden sie farbig markiert.
Es gibt vor allem „Blaue Funken" und „Rote Funken". Erstere sind immer blau, letztere nur manchmal.
Beide sind sich übrigens nicht grün.

Fuss

(mit langem Vokal) falsche Schreibweise für Körperteil am Ende des Beins;
(mit kurzem Vokal) Haarfarbe, die bevorzugt bei Iren und Rheinländern vorkommt.

Von „G“ (wie Gala) bis „I“ (wie Italiener)

G

Gala

(→ Fracksause)

Garderobe

Parkhaus für Kleidungsstücke.

Gastfreundschaft

(im Urlaub) Vollpension zur Schonung der Reisekasse;
(im Rheinland) gute Ratschläge sowie Nachtclubtipps von Taxifahrern.

Gedicht

Kulturelles Verführungsmittel für Männer, die es versäumt haben, in ihrer Jugend Klavierspielen gelernt zu haben.

Gedönsrat

Altertümliche rheinische Bezeichnung für Bedeutungs-Junkies.

Geißbock

Einziges Kölner Amt in Erbmonarchie sowie einziges – zumindest theoretisch – essbares Maskottchen in der Fußball-Bundesliga.
Die Amtsträger heißen grundsätzlich Hennes, da sie der Freiluftvariante des Henneschen-Theaters beiwohnen (→ Henneschen-Theater).

Geißens

Fernsehfamilie, die das Leben führt, von dem alle Rheinländer träumen.

Geld

Die einzige Kohle, die auch von Grünen weiterhin gerne verheizt wird.

Gender

Forschungsgebiet, das daran arbeitet nachzuweisen, dass Frauen die Krone der Schöpfung und Männer Erziehungsprobleme sind.

Genie

Übliche Bezeichnung, die Eltern von Einzelkindern für ihre Sprößlinge benutzen, bevor diese in die Pubertät kommen (Danach: Balg, undankbarer).

Gentleman

Im Rheinland ein Mann, der seiner Frau die Hoteltür aufhält, damit sie die Koffer hineintragen kann.

Gereon

Heiliger und Märtyrer. Einer der ersten Männer, die in Köln den Kopf verloren haben.

Gerling

Ehemaliger Besitzer von Köln neben Neven DuMont und Oppenheim. Ehemals glanzvolles Unternehmen, dem zum Schluss nichts mehr ge"r"lingen wollte.

Gewissen

Innere Stimme, die andernorts angeblich beißen kann, im Rheinland jedoch weitgehend zahnlos ist.

Glascontainer

Akustisches Highlight der Mülltrennung in rheinischen Innenstädten. Mittlerweile durch die öffentliche Flaschenentsorgung zum Nachbarschaftspranger für bislang anonyme Alkoholiker geworden.

Gläubiger

Person, die darauf hofft, dass er alles im Jenseits zurückgezahlt bekommt;
Person, die darauf hofft, dass er alles im Diesseits zurückgezahlt bekommt.

Gleichstellungsbeauftragte

Im Rheinland weit verbreitete Arbeitsplatzbeschaffungsmaßnahme für weibliche Träger von Doppelnamen, deren einzige Aufgabe darin besteht, nachzufragen, warum „Er" nicht eine Frau ist.

Glück

Im Rheinland der wichtigste Faktor, auf dem die Lebensplanung entscheidend aufbaut (→ Optimist).

Glühwein

Vorweihnachtliche Droge mit halluzinogener Wirkung, was sich unter anderem dadurch äußert, dass Konsumenten nach dem zweiten Glas einen eiskalten, zugigen, völlig überfüllten und von ranzigem Fett umwaberten Weihnachtsmarkt für den gemütlichsten Platz auf der Erde halten.

Grab

Kleinst-Immobilie, die aber immerhin im Grünen liegt (→ Melaten).

Griechenland

Europäisches Groschengrab; früheres Naherholungsgebiet von jugendlichen Rucksacktouristen, denen auf dem Weg nach Goa/Indien das Geld ausgegangen ist (→ Gastfreundschaft).

Grundsätze

Brillant formulierte Lebensleitlinien, zu deren praktischer Umsetzung den meisten Rheinländern jedoch die Gelegenheit fehlt.

Grüne

Altertümliche Bezeichnung für Polizisten;
altertümliche Bezeichnung für selbsternannte bessere Menschen (→ Rheinische Puritaner).

Grüngürtel

Flächendeckendes Kölner Tarnnetz, um städtebauliche Sünden zu verstecken.

Gummersbach

Westfälische Streusiedlung im Rheinland mit rheinisch-katholischem Minderheitenproblem.
Ursache, warum einige Jahre lang in Köln wenigstens Handball international gespielt wurde.

Gürzenich

Karnevalistische Trauerhalle. Honoratiorenparkhaus mit unverschämt hohen Tarifen. Wird gerne als das „Wohnzimmer Kölns" bezeichnet. Ein Beiname, der sich möglicherweise darauf begründet, dass sich das Interieur vorwiegend am Stil des Gelsenkirchener Barocks orientiert.

Gutmensch

Selbsternannter Jesus ohne Jünger. Beliebte Freizeitbeschäftigung für Theoretiker mit Sendungsbewusstsein. (→ Grüne)

Gymnasium

(früher) Höchste Schulform;
(heute) Volksschule für Heranwachsende ohne handwerkliche Begabung.

Gynäkologe

Empfangschef für Säuglinge, unverzichtbare Berufsgruppe für Herrenwitze.

H

Halbwahrheit

Die Mutter aller Gerüchte. Im Rheinland weit verbreitete Nachrichtenkategorie.

Hallelujah

Kirchentauglicher Ersatz für die karnevalistischen Alaaf- und Helau-Rufe. Wird in der Kirche auch nicht als Zwischenruf während der Büttenrede (→ Predigt) eingesetzt, sondern erst wenn der Büttenredner (→ Pfarrer) seinen Vortrag beendet hat.
Im Gegensatz zu seiner karnevalistischen Variante wird „Hallelujah" allerdings auch häufig musikalisch vorgetragen.

Halve Hahn

Kölsches Überraschungsmenü für Auswärtige. Traditioneller gastronomischer Kalauer in Köln, da Auswärtige immer wieder auf den Namen hereinfallen.
Tatsächlich handelt es sich um ein völlig verbranntes Brötchen (→ Röggelchen) mit einem Stück uraltem Käse in Tischplattenstärke (→ Holländer).

Hänneschen-Theater

Rheinische Variante der Augsburger Puppenkiste. Einziges Kölner Theater, wo es noch nie Krach unter den Schauspielern gegeben hat. Vor allem, weil man sie ständig bei der Stange hält.

H wie Halve Hahn

Haribo

In Bonn ansässiger Produzent von Grundnahrungsmitteln für Kinder, dessen Gründer der Stadt einen großen Bärendienst erwiesen hat.

Hasenscharte

Behinderung mit hohem Heiterkeitsfaktor. Im Rheinland Ausgangspunkt unzähliger Witze.

Heiligabend

Volkstrauertag für Gänse und Karpfen. Hektischster Tag des Jahres mit abendlichem familiärem Fress- und Saufgelage im Zeichen der frohen Ankunft des Christkindes und der bedrohlichen Ankunft der Schwiegereltern.
Stark von Ritualen geprägt, die in irgendeiner Weise an die Heilige Familie erinnern sollen. Ob sich der weit verbreitete Brauch, dass sich die Männer Heiligabend nach heftigen Ehestreitigkeiten mit ihren hysterischen Frauen unterm Weihnachtsbaum volllaufen lassen, ebenfalls auf Maria und Josef zurückführen lässt, muss bezweifelt werden.

Heilpraktiker

Zeitgeistvariante des (→ Quacksalber) Erzielens durch Einsatz von Globuli (→ moderner Pillendreher); bemerkenswerte Genesungserfolge – vor allem was ihren Kontostand angeht.

Heine, Heinrich

Düsseldorfer Reimnörgler und Depressionsdichter, der es als einziger Düsseldorfer geschafft hat, auf einem Pariser Friedhof unter Denkmalschutz gestellt zu werden.

Hektik

Gemütszustand, der im Rheinland selten und wenn, nur nach Feierabend auftritt.

Helau

Zweite universelle Kommunikationsformel im deutschen Karnevals- und Faschingstreiben. Sorgt überall für gute Laune außer in Köln (→ Alaaf).
Hat dort in etwa die gleiche Wirkung, wie in einem Trikot von Bayer Leverkusen ins Clublokal der FC-Ultras zu marschieren und dort ein Düsseldorfer Alt zu bestellen (→ beliebte Selbstmordmethoden im Rheinland).
Dass Düsseldorf im Unterschied zu Köln an diesem alemannischen Traditionsausruf festhält, führen Kulturhistoriker darauf zurück, dass sich Düsseldorfer seit jeher mit Innovationen schwertun (→ Landesregierung).

Heldentum

In den halbmythischen Selbsterzählungen rheinischer Männer bekundete Eigenschaft, die auf das Begehen weltbewegender Großtaten beruht, für die es aber grundsätzlich keine Zeugen gibt. Heldentumsgeschichten sind leicht daran zu erkennen, dass der Erzähler jeden Satz mit „Ährlisch!" beginnt und mit „Isch schwöre!" beendet.

Herpes

Beliebtes Karnevalsmitbringsel.

Herr, Trude (Kölner Künstlerin, 1927 – 1991)

Kölscher Temperamentsknubbel mit sentimentalem Kern und eruptiven Gesangs- und Heiterkeitsattacken. Hinterließ nach „My Way" mit „Niemals geht man so ganz" den größten rheinischen Trauerhallenhit der Gegenwart.

Herrensitzung

Karnevalistische Veranstaltungsgattung, die sich häufig nur knapp oberhalb einer Schimpansenfütterung bewegt. Inhaltlich ist das Niveau bei Damensitzungen – leicht erkennbar an den langen Schlangen vor allen verfügbaren Toiletten – nur unwesentlich höher. Allerdings werden andere Getränke konsumiert wie etwa Baileys (verdünnter Pudding mit Whiskeyaroma). Außerdem werden Kellnerinnen nicht so häufig belästigt und auf dem Nachhauseweg keine fragwürdigen Etablissements zur Lustbefriedigung aufgesucht, da Schuhläden und Einrichtungshäuser im Gegensatz zu Striplokalen nach Mitternacht in der Regel geschlossen haben.

Herrlich

(gesprochen mit mindestens drei „r") in Köln vor allem in der Bedeutung von „ganz nett" genutzt.

Herstatt, Iwan D. (Kölner Bankier, 1913 – 1995)

Finanzjongleur, der in den 70ern die rheinische Generalprobe für die Finanzkrise durchgeführt hat.
Nicht mehr zweifelsfrei zu klären ist die Frage, ob Konrad Adenauer mit seiner Warnung vor dem „Iwan" tatsächlich die Sowjetunion und nicht ihn gemeint hat.

Himmel un Äd

Rheinische Spezialität – wie häufig eine Kombination aus einem unoriginellen Rezept und einem originellen Namen.

Hochwasser

Jährlich wiederkehrendes Ereignis, bei dem im Rheinland endlich mal alles im Fluss ist.

Hoffnung

Spirituelles Ecstasy rheinischer Lebenskünstler.

Höhner

Lebewesen, die in ländlicher Haltung auf Bauernhöfen und in städtischer Haltung auf Karnevalsveranstaltungen herumgackern.

Holländer

Rheinisches Küstenvolk, das lange Zeit durch verschiedene historische und politische Wirrungen von der Anfahrt auf seine Lieblingscampingplätze durch eine Landesgrenze behindert wurde.

Hüsch, Hans-Dieter (Kabarettist, 1925 – 2005)

Humoristischer Bonifatius des Niederrheins mit als Kabarett getarnten Predigten. Einziger Unterhaltungskünstler, der in der Lage war mit drei Akkorden und der Schilderung seiner schweren Kindheit in Moers einen ganzen Abend zu bestreiten.

I

Ich

Bevorzugtes Anfangswort bei der Erzählung rheinischer Heldentaten.

Idiot

Sammelbegriff für Schiedsrichter, andere Verkehrsteilnehmer und Menschen mit abweichender Meinung.

Idiotentest

Weiterbildungsmaßnahme für Kneipen-Stammgäste, die ungerne Taxi fahren;
zukünftige Bezeichnung für das Zentralabitur.

Ikea

Mischung aus Paketausgabestelle, Kindergarten und Schnellrestaurant. Das Zusammenbauen der Ikea-Erzeugnisse ist das letzte Refugium männlicher Selbstbestätigung und die einzige Quelle liebevoller Anerkennung durch ihre Ehefrauen.

Ikearegal

Hochkant aufgestelltes Pressplatten-Arrangement für Bastler.

Ikone

Fußballspieler des 1. FC Köln, der mindestens eine komplette Saison ohne langwierige Verletzung und Eigentor überstanden hat.

Illusion

Produkt, bei dessen Herstellung die Rheinländer Weltmarktführer sind.

Imbissbude

Einheimischer McDonalds-Vorläufer zur Verbreitung von Magen-Darm-Infekten.

Imi

Mittlerweile nicht mehr so gebräuchliche Bezeichnung für Ausländer in Köln, wobei das Ausland südlich von Leverkusen und nördlich von Bonn beginnt (→ kölsche Jung).
Imis haben in Köln seit jeher eine große Rolle gespielt (→ Heilige Drei Könige – → Heilige Ursula – → Toni Polster).

Imperator

In römischer Zeit Vorläufer der späteren rheinischen Oberbürgermeister, aber mit deutlich bescheidenerem Auftreten.

Improvisation

Wichtigste Überlebenstechnik im Rheinland neben (→ Mäht nix!).

Inder

Dauerlächelnder mobiler Blumenstand.

Innenstadt

In Köln und Düsseldorf bewohntes Testgelände für misslungene Verkehrslenkungs- und Parkplatzexperimente.

Inschrift

In Stein gehauene Legende (→ Legende).

Irrfahrt

Verbreitete Folge Kölner Verkehrspolitik.

IT-Experte

Mitglied einer Drückerkolonne für Mobilfunkverträge.

Italien

Mythischer Heimatort deutscher Eisdielenbesitzer und Pizzabäcker, denen die deutsche Küche so kreative Speisen verdankt, wie „Tomate Mozzarella" (zäher Tomatenquark mit Laubverzierung), „Vitello Tonnato" (geschnittenes Suppenfleisch mit Fischmayonnaise) und Lasagne (Hackfleisch in Plattenbauweise).

Italiener

Die anderen Nachfahren der Römer mit ähnlichen Eigenschaften wie die Rheinländer.
Lieblingsspeisetempel rheinischer Kreise mit gehobener Lebensart (→ Toskana-Fraktion).

Von „J“ (wie Jan und Griet)

bis „L“ (wie Löwensenf)

J

Jan und Griet

Kölsche Urform der Herzschmerzromane ohne Happy End.

Jan von Werth (Reitergeneral, 1591 – 1652)

Kölsche Variante des amerikanischen Traums „Vom Tellerwäscher zum Millionär".

Jan von Werth Reiterkorps

Karnevalistischer Ponyhof in Erinnerung an (→ Jan von Werth). Genießen gegenüber den diversen Funken den Vorzug, dass bei ihnen auch einfache Dienstgrade keine umgedrehte Schultüte auf dem Kopf tragen müssen.

Jan Wellem

Kurfürst. Frühneuzeitliche Perückentriene, deren betont bescheiden gehaltene Wohnhäuser über das komplette Rheinland verteilt sind (→ Schloss Bensberg).

Japaner

(in Köln) Rudelweise auftretendes touristisches Festtagsgeflügel, das sich gerne ausnehmen und sich dabei ebenso gerne aufnehmen lässt (→ Köbes). Gilt als besonders objektiv.
(in Düsseldorf) Asiatische Dauerleihgabe zur Geschäftsanbahnung.

Jecke

Lebendige Straßendekoration bei Karnevalsumzügen. Robust und pflegeleicht. Bestehend aus Krawallmodulen unterschiedlichen Designs, die sich selbst aufstellen und bis auf wenige Ausnahmen auch wieder selbst wegräumen.

Jleich

Rheinisch für „Niemals".

Jubiläum

Freudiges Ereignis zum Feiern runder Zahlen;
willkommenes Ereignis zum Aufführen unrunder Darbietungen (→ Amateurtheater).

Jungfrau

Mitglied des Dreigestirns mit drei Schwänzen, von denen zwei jeweils rechts und links an der Perücke getragen werden;
mittelalterliche Legendenfigur; Gefolgsfrau der Heiligen Ursula. Mittlerweile weiß man jedoch, dass Ursula nur von 11 Jungfrauen begleitet wurde und die Zahl erst durch geschäftstüchtige Kölner Reliquienhändler auf 11.000 erhöht wurde, da es einen weltweit steigenden Bedarf nach gut erhaltenen Märtyrerinnenknochen gab.

Jutesack

Erstes modisches Accessoire der Gutmenschenbewegung. Wurde später von Jack-Wolfskin-Jacken abgelöst.

K

Kabarett

Einzige Theateraufführung, bei der es für die Zuschauer gefährlich sein kann, einzuschlafen.

Kabarettist

Minderbegabter Schauspieler, der aus Kostengründen meist alleine auftritt und deshalb mit dem Publikum spielt.

Kamelle

Saisonales Wurfgeschoss und traditionelles Recycling-Produkt, das – nach Karneval gelagert – im Spätherbst wieder als Give-away für marodierende, pyromanische Kleinkinderhorden auftaucht (→ St. Martin);
zum Verzehr eher nicht geeignet.

Kann, Lennet (Aachener Original, 1844 – 1916)

Höchstdekorierter Bettler des Rheinlandes. Trug am Ende seines Lebens mehr Karnevalsorden als der gesamte Festausschuss zusammen.

Kappes

Rheinischer Name für vielseitig einsetzbares Edelgemüse mit Flatulenzen aktivierender Wirkung;
Generalbegriff für die Bewertung lokalpolitischer Arbeit bzw. der Leistung einheimischer Fußballvereine.

Karnevalsband

Hochbezahlte Lachnummern, die für Einzelauftritte zu langweilig sind und deshalb im Rudel auftreten. Musikalisches Talent eher hinderlich. Gute Voraussetzungen sind ein eingängiger, möglichst simpler Name, die Beherrschung von maximal drei Griffen am Instrument, Songtexte auf dem Niveau von Kindergartenliedern, die Fähigkeit, auch bei hohem Alkoholpegel noch die richtigen Mundbewegungen zum Vollplayback zu machen und ein Leadsänger mit der Ausstrahlung eines korpulenten Müllmannes auf Ecstasy.

Karnevalsgesellschaft

Mafiaähnliche Bruderschaft trinkfester Karrieristen. Neben der Roten Armee weltgrößte Endlagerstätte für überflüssige Orden. Führen immer ein „e.V." im Namen, was aber nicht für „ewig voll!" steht.

Kassen

(öffentliche -) Titel eines regionalen Trauerspiels;
(schwarze -) Titel eines regionalen Mysterienspiels;
(Alexandra -) berühmtes Kölner Hutmodell; betrieb das einzige Kölner Theater, das davon leben konnte, Taschengeld von der Kölner High Society zu bekommen.

Katholiken

Angehörige eines im Rheinland weit verbreiteten religiösen Stammes, dessen Lifestyle auf den nahöstlichen Erfinder der Büttenrede (→ Bergpredigt) zurückgeht.

Kerpen

Zu einer Go-Cart Bahn umgebauter Kartoffelacker mit eigenem Autobahnanschluss und einer notdürftig errichteten Siedlung für die Mitarbeiter des berühmtesten Sohnes des Dorfes.

Kirche

(architektonisch) christliches Vereinsheim;
(organisatorisch) ältester Kölner Karnevalsverein, einziger, der seine Mitgliedsbeiträge durchs Finanzamt eintreiben lassen kann.

Klingelpütz

Lange Zeit erste Kölner Milieuadresse mit langjährig vermieteten Einzimmerappartements.
Einziges Zuchthaus Deutschlands, das nach seiner Schließung in Liedern und im lokalen Sagenschatz zu einem sentimentalen Sehnsuchtsort mutierte.

Klosterfrau Melissengeist

„Betschwestern-Wodka". Einzige Droge, die es geschafft hat, als Medikament wahrgenommen zu werden. Ist für 99 % der Leberschäden strikter Antialkoholikerinnen fortgeschrittenen Alters verantwortlich.

Klüngel

Rheinische Variante der Geheimdiplomatie (→ Fründe – → Pfründe). Das Credo der Klüngel-Philosophie lautet in etwa: „Man hat einen Freund, der wiederum einen kennt, der einen Schwager hat, der den Cousin von der Schwester von dem Nachbarn von dem Chauffeur vom Bürgermeister kennt und der dann der Tochter von dem Nachbarn von deinem Friseur seinem Vermieter einen Job besorgt."

K wie Klüngel

K wie Köln – 1. FC Köln

Klütte

Umgangssprachlich für Kohlenbrikett;
früher gebräuchlicher Kosename für Freunde mit Pigmentierungshintergrund (→ Mehlvisage).

Kneipe

Institution zur Geld- und Problementsorgung. Halböffentliches Wohnzimmer für Männer mit der Möglichkeit Alkohol anschreiben zu lassen.

Knieskopp

Rheinländer, der eine vernünftige Haushaltsführung betreibt und höchstens einmal in der Woche mehr als zwei Lokalrunden schmeißt.

Köbes

Mitsaufender Kellner in Kölner Folklore-Gaststätten. Selten gut gelaunt und selbst durch hohe Trinkgelder kaum zu bestechen. Reagieren verärgert auf ungehöriges Verhalten von Gästen, wie etwa das Bestellen von Wasser oder Fragen wie „Wo bleibt mein Essen?" oder „Ist da nicht ein Strich zu viel auf meinem Deckel?"

Köln

(Stadt) Spirituelles Weltzentrum der Optimisten; die Einwohner leben nach der Devise „Nix in der Hose, aber La Paloma pfeifen!";
(1. FC) einziger Fußballverein der Welt, wo selbst beim wöchentlichen Rasenmähen 45.000 Zuschauer anwesend sind.
(Pass) Soziale Vergünstigung, die es kinderreichen, einkommensschwachen Familien erlaubt, Einrichtungen wie Freibäder kostenlos zu besuchen, die längst von der Stadt Köln aus Kostengründen geschlossen wurden.

Köln-Arena

(lachende, die) Gürzenich-Ersatz für Leute, die sich keinen Smoking leisten können, dafür aber gerne ein ganzes Wochenende vor einer Vorverkaufsstelle auf einem Klappstuhl verbringen.

Kölnisch Wasser

Von einem italienischen Zuwanderer (→ Farina) hergestellte alkoholische Flüssigkeit, die sich als Getränk jedoch nur in eingefleischten Schwerstalkoholikerkreisen durchsetzen konnte.
Der typische Kölnisch Wasser Konsument – weiblich, fliehende Hitze, jenseits der 60 – appliziert sich die im Geruch leicht an gesüßte Pissoirsteine erinnernde Flüssigkeit bevorzugt mittels Spitzentaschentüchern.
Als Mitbringsel ist Kölnisch-Wasser besonders deshalb beliebt, da es dank langer Haltbarkeit noch jahrzehntelang weiterverschenkt werden kann.

Kölsch

Lokale Mundart. Die einzige, die sich auch trinken lässt.
Wird in dieser Variante in etwas geräumigeren Schnapsgläsern serviert, die vor allem bei süddeutschen Gästen spontane Angst vor dem Verdursten auslösen.

Kommern

Fernreiseziel für rheinische Schüler. Historisierender Bauernhof-Dummy, der als pädagogische Drohkulisse dient, um den Schülern klarzumachen, wie gut es ihnen heute geht.

Kommunalpolitiker

(lat. Homo politicus localis) Alle vier Jahre aus dem Legislaturkoma erwachendes Phänomen rheinischer Kommunen. Schmückt sich gerne mit fremden Federn, kleinen Kindern und bunten Luftballons. Der Homo politicus localis ist ein guter Schwimmer, vor allem mit dem Strom, und taucht bei Gefahr sofort unter.
Als Haustier lässt er sich nur sehr schwer halten. Zwar gibt er sich mit einer schmalen Diät zufrieden, aber er ist ein Herdentier, das sich unter Fraktionstärke nicht wohlfühlt. Außerdem sind für eine artgerechte Haltung ausreichend Freibier, ein fahnengeschmückter Festplatz, Blasmusik und ein Rednerpult notwendig.

Kommune

In den 60iger Jahren eine Gemeinschaft von Menschen, die zusammenleben, um der zügellosen Liebe zu huldigen.
Heutzutage eine Gemeinschaft von Menschen, die zusammenleben, um der zügellosen Bürokratie zu huldigen.

Könige

(Heilige Drei –) Größter Marketing-Coup Kölns im Mittelalter. Durch den Import einiger undefinierbarer Gerippe und deren Unterbringung in einer vergoldeten Sarg-WG wurde Köln zu einem der bedeutendsten Shoppingcenter für ewige Seligkeit, Sündenvergebung und Devotionalien-to-Go im gesamten Abendland.
(allgemein) Väter von Prinzen. In Köln unbekannt, da der Kölner Prinz nicht gezeugt, sondern jährlich gewählt wird.

Königsallee (kurz: Kö)

Düsseldorfer Kreditkarten-Kirmes auf Luxusniveau. Einzige Einkaufsstraße im Rheinland, die auch im Sommerschlussverkauf noch unverschämte Preise erzielt.

K wie Kostümsitzung

Königswinter

Früher Billigweinverkostungszentrum für Kegelclubs und niederländische Campingtouristen im Süden von Köln am Fuße des Drachenfels' (→ Drachenfels).
Heute wenig genutzte Autobahnausfahrt, bei der Rheinländer beim Vorbeifahren automatisch in Karnevalsstimmung geraten und singen: „Es war in Königswinter – Nicht davor und nicht dahinter!"

Kostüm

(Schneider-) Teil weiblicher Garderobe, das durch einen eleganten Schnitt die körperlichen Vorzüge der Trägerin dezent unterstreichen soll;
(Karnevals-, erotisch) Teil der saisonalen weiblichen Garderobe, das durch einen frivolen Schnitt die körperlichen Vorzüge der Trägerin in die Auslage legt (→ Teufelchen – → Pussykatze – → Nonne);
(Karnevals-, lustig) Teil der saisonalen weiblichen Garderobe, der der rührende Versuch zu Grunde liegt, suboptimalen Körperprofilen wenigstens eine humorvolle Seite abzugewinnen (→ Lappenclown).

Kostümsitzung

Sitzungsvariante, bei der von den anwesenden Herren zur Narrenkappe auch noch das Tragen einer Pappnase erwartet wird.
Bei den Damen wird in der Regel ein üppiges Dekolleté, eine bunte Haarschleife und das Mitbringen eines Hampelmanns als ausreichend angesehen.

Krakeeler

Mundartlich für verbal mitteilungsfreudige Person mit cholerisch angehauchtem Naturell; die sozial verträgliche Variante des Krakeelers (→ Schwaadlappen).

Krätzje

Kölsche Variante des Leierkastenliedes, wobei der Leierkasten in der Regel durch einen älteren Sänger ersetzt wird.
Der Grundtenor der Texte ist wie beim portugiesischen Fado eher melancholisch, weil dem Sänger irgendwas abhanden gekommen ist: Die Jugend, eine Frau oder die Heimat.

KVB

Abkürzung für „Kommunaler Verschwendungs Betrieb". Wird gerne bei Brauchtumsveranstaltungen als kostenloses Transportmittel und als mobile Trinkhalle genutzt.

L

Landesregierung

Öffentlich finanziertes Arbeitsbeschaffungsprogramm für gescheiterte Bundespolitiker;
Zwischenlagerstätte für Kommunalpolitiker, die noch keinen Platz im Europaparlament bekommen haben;
Endlagerstätte für Lokalpolitiker mit langjährigen hohen Verdiensten, vorzugsweise auf kommunalen Aufsichtsratsposten.

Latte

(sportlich) Querstange eines Tores bei Ballspielen;
(Morgen-) (von der Redaktion aus Jugendschutzgründen gestrichen);
(kulinarisch) kindertaugliches Kaffeemodegetränk mit gefühlt 99-prozentigem Milchanteil.

Leben

Daily Soap mit nur einem Hauptdarsteller, vielen wechselnden Nebendarstellern und ungewisser Sendedauer.

Lecker Mädche

Rheinischer Begriff für Nymphomanin. Tritt im Rudel auf. Zumeist nicht sehr wählerisch und bei Alkoholgenuss unberechenbar.
Ihr Lebensmotto: „Männer kommen und gehen, die Katze bleibt."
Im Karneval deshalb an den aufgesetzten Katzenöhrchen und dem Muschiblick zu erkennen. Tarnt sich Weihnachten gerne als Rentier, bleibt aber am Muschiblick zu erkennen.
Rollenvorbilder: Barbie und Catwoman.

Legende

Reißerische Erzählung, an deren Wahrheitsgehalt zunächst nur der Erzähler selbst glaubt, die aber durch Nacherzählen schnell eine hohe Verbreitung findet (→ Altes Testament – → Vogelspinne in Yucca-Palme).
Legenden können als Ansporn für sportliche Höchstleistungen (→ Auto-Oral-Sex durch Yoga) aber auch zur Aufrechterhaltung der Moral (→ Scheidenkrampf) oder einfach nur der Geschichtsklitterung dienen (→ Heldentum).

Leverkusen

Architektonischer Chemiebaukasten mit der einzigen Betriebssportgruppe, die in der Champions League spielt.

Linzenich

(geographisch) Ort in der Eifel, der nach dem Wegzug der namensgebenden Familie verödet ist;
(Ferdinand-, lustig) humoristischer Wanderprediger mit hohem Geltungsdrang, der bereits mehrfach auf deutschen Kleinkunstbühnen – und zu Hause – dem Märtyrertod nur knapp entronnen ist.

Literat

Meist frühzeitig gealterter Sitzungsprogrammzuhälter. Hauptursache des Problems, dass Sitzungen erst weit nach Mitternacht enden. Literaten sind bekannt für ihren Einfallsreichtum, besonders was die Erleichterung ihrer Arbeit angeht.

Löwensenf

Rheinisches Sambal-Olek in appetitabregender Farbe. Einziges Produkt aus Düsseldorf, das echt scharf ist.

Lüge

Im Rheinland meist eine Variante der Wahrheit, die mit Blick auf mögliche Konsequenzen formuliert wurde.

L wie Lecker Mädche

Von „M“ (wie Mädchensitzung) bis „O“ (wie Ostermann)

M

Macht

Im Rheinland vor allem in der Kombination „Macht nix!" gebräuchlich.

Mädchensitzung

Verniedlichende Bezeichnung für Damensitzung. Entgegen der Vorsilbe „Mädchen-" sind die anwesenden Damen durchweg voll(jährig) (→ Baileys).
Sogenannte Mädchensitzungen, die gänzlich aus dem Ruder laufen, werden auch als „Prosecco-Pogrome" bezeichnet.

Mäht nix

Rheinische Variante der Generalabsolution.

Mallorca

Bedeutendste Insel des Rheinlands mit der saisonal höchsten Bevölkerungsdichte von Rheinländern.

Marienburg

Das Beverly Hills von Köln, nur ohne Strand und mit weniger gut aussehenden Bewohnern.

Meerbusch

Der Gazastreifen von Düsseldorf. Bezeichnet sich gerne als kleine Schwester Kölns, ist aber in der Kölner Verwandtschaft gänzlich unbekannt.

Melaten

Bevorzugte Wohnlage für vermögende Kölner Verblichene.

Messe

Religiöses Get-Together mit freiem Eintritt und begrenztem Unterhaltungswert;
beliebter Vorwand für Geschäftsreisende, ab und an in einer fremden Stadt ordentlich die Sau rauszulassen.

Millowitsch, Familie

Einzige Düsseldorfer Sippe, die in Köln die Puppen tanzen lassen durfte. Und das, obwohl der Stammhalter in einer Altbierbrauerei geboren wurde. Letzteres wird in Köln aber gänzlich verdrängt.

Millowitsch, Willi (Volksschauspieler, 1909 – 1999)

Einziger Kölner, der bereits zu Lebzeiten sein eigenes Denkmal besuchen konnte. Gewissermaßen „Tünnes und Schäl" in Personalunion oder die männliche Trude Herr.
War zeitweise neben dem Geißbock das wichtigste Stadtmaskottchen.

Moby Dick

Bekanntester und beliebtester illegaler Einwanderer in Köln. Ist leider später im wahrsten Sinn des Wortes untergetaucht.

Möpse

Atmungsbehinderte Modehunde; derzeitiges Lieblingsspielzeug rheinischer Frauen;
atmungsbeschleunigende Modekunstwerke; seit Urzeiten Lieblingsspielzeug rheinischer Männer.

Motto

(Sessions-) Verzweifelter Versuch, auch nach fast 200 Jahren noch eine lustige Überschrift für ein kostümiertes Sex- und Saufgelage zu finden.

Muckel, Johann (Wilderer, 1814 – 1882)

Robin Hood Düsseldorfs; wilderte gerne in fremden Revieren, ohne dabei seiner Frau fremdzugehen.

Museumsmeile

Bonner Vergnügungsviertel für Klugscheißer; kultureller Gemischtwarenladen.

Müßiggang

Beliebteste Fortbewegungsart im Rheinland.

Muys, Horst (Karnevalist, 1925 – 1970)

Professioneller pornografischer Gürtellinienunterschreiter, der das für seinen Lebenswandel geradezu biblische Alter von 45 Jahren erreicht hat.

N

Narrenkappe

Kopf-Epaulette für karnevalistische Honoratioren. Mit Federschmuck tragbare närrische Ehrendoktorwürde, die man sich nur selbst abnehmen kann.

Neandertaler

Mythischer Urvater aller Düsseldorfer; nach neuesten wissenschaftlichen Untersuchungen sind viele seiner Wesensmerkmale heute noch rudimentär nachzuweisen, wie zum Beispiel der Hang von Düsseldorferinnen, Pelz zu tragen.

Neujahr

Früheste Gelegenheit nach den guten Vorsätzen zu Silvester wieder ganz der Alte zu werden.
Bei dem traditionell mit Neujahr verbundenen Feuerwerk wird seit Jahren von Kritikern angemahnt, auf das Abschießen von Raketen zu verzichten und lieber den Hunger in der Welt zu bekämpfen. Experten raten jedoch aus gesundheitlichen Gründen vom Verzehr von Feuerwerkskörpern dringend ab.

Nikolaus

Populäre Heiligenfigur, die wie das ebenfalls aufwändig gekleidete Dreigestirn, Süßigkeiten an Heranwachsende verteilt, jedoch im Unterschied zu den Vorgenannten diese den Kindern nicht an den Kopf wirft;
beliebter männlicher Vorname; im Rheinland wohl nicht zuletzt deshalb, da der Nikolaustag häufig ziemlich genau 9 Monate nach dem Karneval stattfindet.

Nippes

Kölner Stadtteil; weltweit das einzige Stadtviertel, das nach wertlosem Kitsch benannt worden ist.

Nord-Süd-Fahrt

Halbherziger Versuch, in Köln eine Formel 1-Strecke zu bauen.

Nordrhein-Westfalen

Politische Nachkriegserfindung. Kultureller Gemischtwarenladen. Meist von Politikern regiert, die viel aushalten, aber nie haushalten.

Nubbel

Karnevalistischer Strohmann, der im Unterschied zu Strohmännern in Politik und Wirtschaft nicht mit vollen Bezügen pensioniert, sondern mit vollen Gästen verbrannt wird.

1630

N wie Nubbel

O

Ober

Vornehme Bezeichnung für Köbes, auf die dieser jedoch nicht hört.

Oberbergischer Kreis

Die „Pietcong des Rheinlands". Der lebende Beweis, dass nicht jeder gebürtige Rheinländer auch Karnevalist ist.

Oberbürgermeister

Stellvertreter des Karnevalsprinzen zwischen Aschermittwoch und der Prinzenproklamation. Wird von eigens dafür gegründeten Karnevalsgesellschaften (siehe CDU, SPD, Grüne) zur Wahl gestellt.
In Köln wird das Amt entweder mit einem echten „Kölschen Jung" besetzt, damit die Verwaltung was zu lachen hat, oder mit einem Nicht-Rheinländer, damit man bei der Prinzenproklamation was zu lachen hat.
Da die Düsseldorfer schon genug über Köln lachen, konnten sie sich den einen oder anderen kompetenten Oberbürgermeister leisten.

Offenbach, Jacques (Komponist, 1819 – 1880)

In Köln geborener Tony Marschall des 19. Jahrhunderts.

Oktoberfest

Sich seuchenartig ausbreitender Herbstkarneval. In Köln besonders beliebt als letzter Härtetest für die Leber und die Stimmbänder kurz vor Beginn der eigentlichen Session.

Oppenheim

Kölner Bankgraus im früheren Besitz einer rheinischen Adelsfamilie. Die Bank galt als sehr elitär und versnobt. Gerüchteweise hat sich der Koch der Familie noch die Petersilie mit Fleurop ins Haus schicken lassen.

Optimismus

Im Rheinland verbreitete Bewusstseinsstörung, die durch die konsequente Ignorierung der Realität hervorgerufen wird.

Orden

(Tapferkeits-) Auszeichnung zur Würdigung besonderer Heldentaten; (Karnevals-) Auszeichnung zur Würdigung von Sitzungsanwesenheit; auch bekannt als bunter Staubfänger und Närrischer Blechschaden; wird zwangsverliehen, mit fortschreitender Session auch wahllos, um Folgekosten für Lagerung oder Entsorgung (→ Sondermüll) zu vermeiden.

Organisation

In einem rheinischen Lexikon nur als Fremdwort zu finden.

Orgels Palm (Kölner Original, 1801 – 1882)

Kölner Vorläufer Bob Dylans aus dem 19. Jahrhundert.

Osten

(in Köln) „Naher-": andere Bezeichnung für Deutz; „Ferner-": andere Bezeichnung für Bergisch Gladbach;
(in Aachen) andere

Ostern

Landesweites Herum"eiern" aus religiösem Anlass. Früher verbrachte man Ostern im Kreise der Familie, heute im Verkehrsstau, da die Osterferien zu den Hauptreisezeiten gehören.

Osterhase

Einziges mitteleuropäisches Säugetier, das Eier legt. Auch als Frühlingsnikolaus bekannt. Bringt wie dieser Süßigkeiten und wird in Schokolade nachgebildet.
Bezeichnung für Köln.

Ostermann

Frühlingsvariante des Weihnachtsmanns, die sich im Volksbrauchtum nicht durchsetzen konnte;
rheinischer Michael Jackson und singender Stadtheiliger, dessen Mischung aus Katzenmusik, Knödelgesang und bis zur Schmerzgrenze sentimentaler Texte das bis heute wirksamste kölsche Seelenmassagemittel darstellt.

Overath

(geographisch) rheinische Kleinstadt, deren größte Bedeutung darin liegt, genauso zu heißen wie eine Kölner Fußballlegende (→ Overath, Wolfgang);
(sportlich) Spieler des 1. FC Köln, der hohe Fußballkunst und hohe Stimme virtuos verbinden konnte; war als Präsident auf dem besten Wege, den Verein dauerhaft in der 2. Liga zu verankern, bis er durch einen Spinner daran gehindert wurde.

Von „P" (wie Päd)

bis „R" (wie Rosenmontag)

P

Päd

Respektlose Bezeichnung für adipöse Frauen;
Rohstoff für Sauerbraten;
Nahkampfwaffe der Karnevalskorps im Rosenmontagszug;
als „Mo-Päd“ – knatternde Variante mit zwei Rädern.

Pänz

Rheinische Bezeichnung für Monster in kurzen Hosen. Nur noch selten in Freiland-, dafür umso häufiger in Einzelhaltung zu finden. Werden von ihren Erzeugern bis zur Einschulung für hochbegabt, bis zur Pubertät für liebenswürdig und bis zum Studium für preiswert gehalten (→ Erbe).

Pappnas

Rudimentäre Karnevalskostümierung – auch als Westentaschenkostüm oder „Costume-to-go“ bekannt.
Bei schweren Trinkern mittlerweile dauerhaftes Gesichts-Accessoire.
Der Begriff „Pappnas“ hat sich im Laufe der Zeit auch als Bezeichnung für Personen minderer Kompetenz durchgesetzt.

Papst

Für rheinische Katholiken: einziger Konzern-Vize, der seinen Chef noch nie zu Gesicht bekommen hat, nicht mal bei der Weihnachtsfeier.

P wie Päd

Pascha

Kölner Sex-Einkaufszentrum, das es vorübergehend geschafft hat, sogar Tage der offenen Tür mit Kulturveranstaltungen durchzuführen.

Passwort

Mehrstelliger Geheimcode als Zugang zu Internetkonten. In Köln ist das beliebteste Passwort einer Umfrage zufolge „4711" oder das eigene Geburtsdatum.

Pattaya

Thailändisches Billig-St.Tropez für Männer im Ruhestand und Sex-Notstand.

Pessimist

Ehemaliger rheinischer Optimist, der angefangen hat den Lokalteil seiner Tageszeitung zu lesen.

Petersberg

Ehemalige Regierungs-Jugendherberge mit großartiger Aussicht.

Petitesse

Fälschlich für kleinwüchsige Politesse;
im Politiker-Jargon ein Riesenskandal, an dem man selbst beteiligt ist.

Pfarrer

(evangelisch) beamteter Seelenverwalter, der eine Ehefrau haben darf;
(katholisch) beamteter Seelenverwalter, der eine Haushälterin haben darf.

Pfingsten

Spiritueller Tankstellentermin für alkoholfreien Geist.

Phantasialand

Beliebter Dauer-Rummelplatz in Brühl;
andere Bezeichnung für Nordrhein-Westfalen.

Pilger

(historisch) religiöser Bußgeher auf dem Weg zur Erlösung;
(zeitgenössisch) esoterischer Trendsportler der Sportart „Suff-to-go" auf dem Weg nach Santiago de Compostela.

Pittermännche

Büchsenbier in XXL-Form;
ersetzt Männern im Rheinland am Vatertag die komplette Familie.

Podolski, Lukas (Fußballspieler, geb.1985)

Jahrelang Dauerprinz des sportlichen Karnevals im RheinEnergie-Stadion. Hat die rheinische Lebensart in den Profifußball gebracht – nicht überanstrengen, außer beim Jubeln, und im Team für gute Stimmung sorgen.

Politesse

Stunkemariechen; mobiler Zettelkasten; verbaler Blitzableiter für schlecht gelaunte Autofahrer.
Der Beruf der Politesse liegt im Image zwischen Gebrauchtwagenhändler und Zuhälter.

Polizist

Lebende Wegmarkierung bei Rosenmontagszügen; außerhalb der Karnevalssession hauptsächlich damit beschäftigt, auf der Suche nach Imbissbuden durch die Stadt zu fahren.
Da Polizisten in der Regel sehr schlechte Autofahrer sind, sind sie verpflichtet, ihr Nahen durch ein blinkendes Blaulicht und eine Sirene kundzutun, damit normale Passanten sich rechtzeitig in Sicherheit bringen können.

Posttower

Postmodernes Gebäude im Aquariumstil. Im Sommer größte Bonner Grillstube für öffentlich Bedienstete, bei der die kleinen Würstchen unten gegrillt werden.

Prada

Modemarke; Russen H&M.

Predigt

Religiöse Büttenrede mit bescheidenem Witzpotential, aber hohem Drohfaktor.

Printe

Essbarer Dachziegel;
umgangssprachlich für Einwohner von Aachen;
mit dem Adjektiv „grinsend“ versehen, Kosename für einen berühmten Sohn Aachens (→ Hermann Bühlbecker).

Prinz

Bezeichnung für männliche Erstgeborene;
karnevalistisches Federvieh (→ Gockel).

Prinzenproklamation

Karnevalistisches Hochamt ohne Beichte, aber dafür mit ausgedehntem Abendmahl.

Prinzenspange

Kölner Ritterorden mit geringer Haltbarkeitsdauer; je früher verliehen, desto prestigeträchtiger; wird allerdings nicht um den Hals gehängt, sondern vom Prinzen persönlich ans Revers geheftet. Hat im Karneval an Männerbrüsten in etwa den gleichen Aufmerksamkeitsfaktor wie bei Frauen Körbchengröße „DD“.

Promi

Bezeichnung für jeden Rheinländer, der irgendein Kunststück (→ Komasaufen – → Schnorren – → Schlechte Witze erzählen) beherrscht oder wenigstens von seinem Hund und der Hälfte seiner Hausgemeinschaft auf Anhieb erkannt wird.

P wie Prinz (→ Gockel)

Prunksitzung

(→ Fracksause) Karnevalistischer Klingelbeutel mit Bühnenprogramm.

Puff

(Ansgar -) Kölner Weihbischof mit wegen seines Nachnamens erschwerter Kindheit;
(Institution) Verkehrsbetrieb für Männer.

Pünktlichkeit

Tugend. Im Rheinland jedoch eine, die sich nicht lohnt, da niemand da ist, der sie würdigen könnte.

Pützchens Markt

Saisonales Bonner Disneyland. Größte Ansammlung von Schleudersitzen in Bonn, seit die Bundesregierung weggezogen ist.

Q

Quacksalber

Altertümliche Bezeichnung für medizinisches Flachpersonal, das mit zweifelhaften Therapiemethoden arbeitet, die bestenfalls nicht zu einem qualvollen Tod führen (→ Pferdeurin, → Gesundbeten, → Globuli).

Quadrath-Ichendorf

Rheinisches Hintertupfingen; wurde lange Zeit ständig angebaggert (→ Rheinbraun).

Qualm

Seit dem allgemeinen Rauchverbot verlorengegangener Hauptbestandteil rheinischer Kneipenluft.

Quark

Sammelbezeichnung für mäßig interessante Diskussionsbeiträge.

Quartalssäufer

Andere Bezeichnung für Karnevalsjeck;
schwerer Trinker mit geregelter Auszeit.

Quasi

Im Rheinland beliebte verbale Nebelkerze als Antwort auf die Frage: „Hast Du das schon erledigt?"

Quetschbüggel

Tragbares Klavier; musikproduzierendes Möbelstück, das eine Einzelperson in die Lage versetzt, den Krach eines ganzen Orchesters nachzuahmen; hat bei aggressiv auftretenden Bettlern das Klappmesser ersetzt.

Quiche

Saisonales Zeitgeisthäppchen zum Bier.

Quickie

Bezeichnung für ein romantisches Weiberfastnachts-Erlebnis in der Altstadt.

Quote

(Wett-) Index, an dem sich erkennen lässt, wie hoch der Gewinn gewesen wäre, wenn man nicht wieder aufs falsche Pferd gesetzt hätte (→ Weidenpesch – → Oppenheim);
(Frauen-) Grund, warum es für geplagte Eltern heute besser ist, eine unfähige Tochter als einen unfähigen Sohn zu haben.

Quo Vadis?

Eine Frage, die auf Deutsch gestellt, in vielen Ehen zu den häufigsten Notlügen führt

R

Rakete

Träger für Raumfahrzeug;
Kriegswaffe, die der Abschreckung dient;
weibl. Person, die der Anmache dient;
Sitzungs-Aerobic zur Reanimation von Alkoholleichen.

Rat

Kommunale Versammlung ambitionierter Hobbypolitiker mit häufig obsessiven Partikularinteressen.
Das in Köln geprägte Sprichwort „Guter Rat ist teuer" lautet übrigens vollständig: „Guter Rat ist teuer, schlechter Rat ist aber noch teurer."

Raucher

Moderner rheinischer Widerstandskämpfer. Seit dem allgemeinen Rauchverbot Person mit gesunder Gesichtsfarbe und schnell wachsendem Bekanntenkreis.

Regenschirm

Rheinischer Spazierstock.

Reliquie

Gegenstand des katholischen Merchandisings. Ursache für das anatomisch bedeutsame Phänomen, dass bedeutende Heilige über mindestens 400 Finger verfügt haben müssen.

Rhein

Größte Freilandtoilette der Region. Neigt saisonal selbst zur Inkontinenz.
Austragungsort schwimmender Seniorennachmittage.
Wird allegorisch auch gerne als bettlägeriger, weinsaufender Familienvater dargestellt.

Rheinbraun

Wirtschaftlich erfolgreichste Wühlmäuse des Rheinlandes.

Richmodis

Populärer weiblicher Zombie aus dem Kölner Sagenschatz.

Ring

Ehemalige Prachtstraße entlang der mittelalterlichen Stadtmauer. Heutiger Türsteher-Laufsteg, wo sich Nacht für Nacht die Leute in jeglicher Hinsicht anstellen.

Rolli

Kurzform für Rollkragenpullover;
Kosename für Rolf;
Zubringer-Shuttle zu Premium-Parkplätzen, die direkt vor der Tür liegen.

Roncalli

(Zirkus) Politisch-korrekte Schaustellervariante, deren hohe Eintrittspreise sich dadurch rechtfertigen, dass dem Publikum im Programm sowohl wilde Tiere als auch herausragende Akrobaten erspart bleiben (→ Kindergeburtstag für Erwachsene).

Rosenmontag

Närrisches Fronleichnam. Zeichnet sich weniger durch innere Erlösung im Zeichen einer Monstranz, als durch äußere Auflösung im Zeichen von Penetranz aus.

Rosenmontagszug

Rheinischer Städtewettkampf nach dem Motto „Wer hat den Längsten?" – Seit der Abschaffung des Testbildes preiswertestes ARD-Fernsehprogramm.

Rumänen

Einzige Touristengruppe, die mit mehr Geld nach Hause fährt, als sie mitgebracht hat.

Russen

Trinkfeste Shopaholics (→ Prada). Die Eier der Russen sind eine seit Jahrhunderten beliebte rheinische Delikatesse.

Von
„S“
(wie Schäl)

bis
„V“
(wie Veedel)

S

Sachsen

Dialekt-Komödianten. Haben mit Walter Ulbricht und Erich Honecker zwei der größten Büttenredner aller Zeiten hervorgebracht.

Saturn

Planet mit zweifelhaftem Ruf;
überdimensionierter Kölner Elektroladen.

Sauerland

Westlichster, unmittelbar an das Rheinland angrenzender Teil Sibiriens.

Schäfer

(Hans, de „Knoll") erster Kölner Fußballer, der nicht nur gefühlt Weltmeister ist;
(Heinrich, „de Naas") Kölner Verkehrsexperte mit katholischer Seele; zeitweise „Der Herr der Ringe" in Köln; stand nach der Rettung des Domschatzes nach einem Diebstahl 1996 als erster Zuhälter kurz vor der Seligsprechung; Erfinder des Spiels „Hau den Anton" (→ Dumm, Anton);
beliebter Aussteigerberuf für Studienräte mit Burn-out, die sich mit ein paar Schafen auf diversen Rheinwiesen selbstständig machen.

Schäl

(anatomisch) Kölsche Bezeichnung für Menschen, deren Augenstellung es erlaubt, dass sie sich beim Geradeaussehen mit einem Auge über die Schulter blicken;
(volkstümlich) erfundenes Kölner Original mit schälem Blick, Schlitzohrigkeit und schwarzem Frack; tritt im Duett auf (→ Tünnes).

Schäl Sick

Kölns östliche Rheinseite; für eingefleischte Kölner bereits ein Vorposten Sibiriens.

Scheidenkrampf

Gilt als ungeheuer peinlich (nähere Beschreibung aus Jugendschutzgründen gestrichen).

Schiffer

Rheinisch für Wildpinkler;
(Claudia -) In der Nähe von Düsseldorf geborener weltberühmter blonder Kleiderständer.

Schlofmötz

Kölsch für stoische Natur.

Schloss Bensberg

Idyllische Jagdhütte des Kurfürsten (→ Jan Wellem), in der dieser jedoch nicht eine Nacht gewohnt hat.
An den ursprünglichen Zweck erinnert nur noch, dass weiterhin viele Platzhirsche und Society-Häschen dort gesichtet werden.

Schokoladenmuseum

Einziges Süßwarengeschäft im Rheinland, das nicht nur der Bildung von Übergewicht dient.

Schöne Bescherung

Wahrwerden aller kindlichen Träume; meist verbunden mit dem freudigen Ausruf: „Das habe ich mir schon lange gewünscht!“; Wahrwerden aller erwachsenen Alpträume; meist verbunden mit dem resignierenden Ausruf: „Das habe ich schon lange befürchtet!“

Schoppen

(phonetisch) Lieblingsbeschäftigung von Russen, Japanern und Frauen aller Nationalität;
(kulinarisch) glasweise Verabreichungseinheit von als Wein getarntem Glykol. Die Gläser sind meist reich verziert, um vom Geschmack des Weines abzulenken.

Schult, H. A. (Kölner Künstler, geb. 1939)

Kölns berühmtester Müll-Recycler und Dach-Dekorateur.

Schumann, Robert (Komponist, 1810 – 1856)

Komponist, der in Bonn nicht taub, sondern irre geworden ist.

Schumann-Haus

Einzige Irrenanstalt, die nach einem Insassen benannt worden ist. Zu viel besuchten Touristenattraktionen haben es aber auch einige weitere Irrenanstalten im Rheinland geschafft (→ RheinEnergie-Stadion – → Düsseldorfer Landtag).

Schwaben

Puritanischer Gegenentwurf zum Rheinländer; werden auch gerne als Sauerländer des Oberrheins bezeichnet.

Schwarzer

(→ Klütte);
(→ CDU);
(Alice) Kölner Emma pharisäischer Herkunft; änderte ihre Lebensphilosophie von „Mein Bauch gehört mir" in „Mein Brutto gehört mir".

Schwul

Sexuelle Orientierung. War vorübergehend als unabdingbare Voraussetzung für die Einbürgerung in Köln im Gespräch.

Senator

Mitglied des Senats einer Karnevalsgesellschaft. Abkürzung. Steht für „Spender eifriger Natur, aber total ohne Rechte". Lieblingshaustier aller Karnevalsgesellschaften, wird gerne gemolken.

Siebengebirge

Bonsai-Rocky Mountains südlich von Köln.

Silvester

Höchster Feiertag rheinischer Optimisten (→ Vorsatz, guter).

Sitzung

Altertümlich für „Meeting";
umgangssprachlich für „Stuhlgang";
(im Rheinland) streng organisiertes Schunkelwalhalla;
ausgelassene Variante des Seniorenkaffees; Brutstätte des Witzrecyclings, ständig unterbrochen durch Alaafrufe, Ein- und Ausmärsche und ein Bühnenprogramm, das sich am Niveau des Publikums orientiert; besonderes Merkmal jeder Sitzung: elf Personen dienen als lebendige Bühnendekoration.

Sommer

Gewerkschaftsführer mit launischer Gemütslage;
Jahreszeit mit launischer Wetterlage.

Sommerferien

Gelegenheit, dem rheinischen Sommer zu entkommen und dafür ein paar wunderschöne sonnige Tage auf der Brenner-Autobahn zu verbringen.

Sommerschlussverkauf

Showdown der Frühjahrs-Shopping-Saison. Nur empfehlenswert für Frauen mit Nahkampferfahrung oder Rugby-Spielerinnen.

Souvenirshop

Fachgeschäft für überteuerte Geschmacklosigkeiten (→ Nippes – → Touristen).

SPD

Politisches Karnevals-Traditionskorps – auch bekannt als die Roten Halunken. Haben zwischen 1956 und 1999 den Kölner Stadtschlüssel so gut verlegt, dass Sie ihn gar nicht abgeben konnten.

Spanien

Einziges Land der Welt, wo die Steaks, bevor sie serviert werden, gemeinsam mit ihren bunte Kostüme tragenden Metzgern in einem nachmittäglichen Unterhaltungsprogramm auftreten.

Sparkasse KölnBonn

Weltgrößter Eigentümer leerstehender Gewerbe-Immobilien. Einziger rheinischer Karnevalsverein, der Geld verleiht – und zwar an jede „Pappnas".

Spekulatius

Lateinischer Begriff für Börsenmakler.

Stadtkämmerer

Städtischer „Leer"beruf.

Staatse Kääl

Rheinische Bezeichnung für Hochleistungstrinker. Bevorzugtes Beutestück von lecker Mädche. Tritt wie diese in Rudeln auf.
Meist einheitlich gekleidet mit T-Shirts, auf denen so sympathische Lebensweisheiten zu lesen sind wie: „Schade, dass man Bier nicht bumsen kann."
Rollenvorbilder: Mario Barth und Jonny Walker.

Stippeföttche

Kölsch für rektales Petting.

Stollwerk

Kölner Schokoladenimperium mit zartbitterem Ende.

Stress

In Köln jede Form von Betätigung, bei der man kein Kölschglas in der Hand halten kann.

Strüßjer

Botanisches Gegenstück zur Kamelle, das entfernt an einen Blumenstrauß erinnert.

Stunksitzung

Streng unorganisiertes Schunkelwalhalla; ausgelassene Variante des Seniorenkaffees für Alternative;
umgangssprachlich für FC-Jahreshauptversammlungen nach Bundesligaabstiegen.

Sushi

Japanische Fisch-Praline. Grundnahrungsmittel rheinischer „it"-People, die immer noch daran glauben, dass Omega-3-Fettsäuren Schlafmangel und Kokainmissbrauch ausgleichen können. Sushi wird gerne mittels karussellartiger Förderbänder serviert.

S wie Stippeföttche

T

Tanzmariechen

Lebendiges Wurfmaterial. Wird vom Sitzungspräsidenten immer mit den Worten „Nä, wat'n härrlische Anblick!" begrüßt. Voraussetzungen: durchschnittliche Tanzbegabung, handliche Größe, gute Haltegriffe. Jungfräulichkeit kein Hinderungsgrund. Meist in Dauerbegleitung eines kostümierten Bodybuilders, der sie unentwegt hochwirft und manchmal flachlegt.

Tapas

Beliebtes Zahnstocher-Mikado; essbare Häppchenkultur als Beilage zum Trinken; in Spanien kostenpflichtig.

Taube

Fliegende Ratte. In Schwärmen auftretendes Lebewesen, dessen Hinterlassenschaften ein wichtiges Beschäftigungsprogramm der Kölner Dombauhütte darstellen.

Taxifahrer

Jene seltsame Spezies, die in einer Stadt jede Abkürzung kennt, aber lieber Umwege fährt.

Teamgeist

Bezeichnung für denjenigen im Team, der für alle die Arbeit macht und deshalb nach kurzer Zeit wie ein Gespenst aussieht.

T wie Tanzmariechen

Termin

Ungefähre Verabredung zur frühesten Erledigung einer Aufgabe, deren Einhaltung durch Nichtrheinländer von Einheimischen jedoch als persönlicher Affront betrachtet wird.

TH in Aachen

Höhere Lehranstalt für Tüftler und Bastler. Absolventen gelten als begehrtes Heiratsmaterial bei jungen Frauen, die von ihrem Zukünftigen vor allem Genügsamkeit, ein gesichertes Einkommen und Heimwerkerqualitäten erwarten.

Thalasso

Hallen-Strandurlaub ohne Strand und Meer. Die Behandlungsmethodik besteht darin, dass man alles, was einen am Strand stört – außer Quallen – kostenpflichtig um den Körper gewickelt bekommt.

Theke

Säkularer Beichtstuhl mit Alkoholausschank und einem Beichtvater ohne Ehelosigkeitsgelübde (→ Wirt).

Timbuktu

Einziges gottverlassenes Kaff auf der Welt, dem es noch nicht gelungen ist eine Städtepartnerschaft im Rheinland zu finden (→ Turku – → Wolgograd – → Ningbo).

Tivoli

Traditioneller Kopenhagener Vergnügungspark zur Volksbelustigung, in dem man Achterbahn fahren kann;
traditioneller Aachener Vergnügungspark zur Volksverärgerung, bei der man einer Fußballmannschaft beim Achterbahnfahren zuschauen kann.

Toleranz

Ein grenzenloses Verständnis, das der Kölner allen Lebewesen mit Ausnahme von Düsseldorfern entgegenbringt.

Toskana-Fraktion

Linksliberale Doppelverdienerehepaare mit unkündbaren Arbeitsverhältnissen und Pensionsanspruch, die auf der Suche nach dem einfachen Leben einen überteuert erworbenen Geräteschuppen in Italien nach ein paar Renovierungsmaßnahmen zur Finca erklärt haben.

Touristen

In Schwärmen auftretende Lebewesen, deren Hinterlassenschaften einen willkommenen Dünger für die einheimische Wirtschaft darstellen (→ Souvenirshop).
Durch kleine Accessoires gut unterscheidbar. Chinesische Touristengruppen beispielsweise haben ein Fähnchen, während osteuropäische eher eine Fahne haben (→ Japaner).

Tradition

Bezeichnung für alles, was im Rheinland zum zweiten Mal stattfindet; bevorzugt, wenn es im Zusammenhang mit ausuferndem Alkoholkonsum und dem rudelweisen Absingen rheinischen Liedguts steht;
Generalabsolution für schwere saisonale Störungen der öffentlichen Ordnung in rheinischen Großstädten (→ Karneval – → CSD – → Sommerschlussverkauf – → Köln-Marathon).

Traditionskorps

Strikt hierarchisch organisierte Vereinigung karnevalistischer Zugmitläufer bzw. -mitreiter. Treten zumeist in einer als Kostüm getarnten Uniform auf.
Der Begriff „Tradition“ weist darauf hin, dass es dem betreffenden Karnevalsverein gelungen ist, seit mehreren Sessionen eine Insolvenz zu vermeiden.

Trottoir

Parkraumreserve in Großstädten. Seine Bedeutung als Hundeklo haben die Trottoirs dagegen verloren, seitdem Hundehalter nach jeder Verdauungsleistung ihres vierbeinigen Lieblings einen öffentlichen „Kot“au machen müssen.

Tünnes

(Anrede, Du -) liebevolle Bezeichnung für einen alltagsuntauglichen Bekannten;
(volkstümlich) erfundenes Kölner Original mit Knollennase und Bauernschläue, tritt im Duett auf (→ Schäl).

Türkei

Erfolgreichste Produktionsstätte rheinischer Imis und bunter Kopftücher. Beliebtes Urlaubsland für Deutsche, die im Urlaub nicht mehr, sondern weniger Geld als zu Hause ausgeben wollen.

Twitter

Verbales Aufstoßen im Internet.

U

U-Bahn

Unterirdisch fahrendes Verkehrsmittel mit unterirdischer Dienstleistung, das in jüngster Zeit vor allem in Köln zum Austesten der statischen Belastbarkeit von Innenstadt-Gebäuden genutzt wurde. Nicht wenige sind allerdings der Ansicht, dass man nirgendwo einen so schönen Blick auf Köln werfen kann, wie aus der U-Bahn (→ KVB).

Ubier

Namensgeber einer Kölner Ringstraße. Urbevölkerung des Rheinlandes, der die Kölner – nach Cäsars Berichten – den relativ großen Anteil von „Fussigen" zu verdanken haben.

Uniform

Einheitliche Kleidung für Menschen, die schießen (→ Militär) bzw. zum Schießen sind (→ Traditionskorps).

Unkel

Schiffswendeplatz und Druckbetankungsort für Kölner Ausflugsdampfer.

Unter Krahnenbäumen

Kadettenanstalt für Kölsche Kraade.

Unternehmer

Menschen, die lieber 16 Stunden am Tag für sich selber arbeiten, als acht Stunden für jemand anderen.

Utopie

Unrealistische Zukunftsvorstellung wie etwa ein ausgeglichener NRW-Landeshaushalt oder ein Champions-League-Sieg des 1. FC Köln noch in diesem Jahrtausend.

V

Vater

Sitzgelegenheit für Kleinkinder bei Karnevalszügen, um der Gefahr zu entgehen, getreten zu werden, bzw. versehentlich im Beutel eines eifrigen Kamelle-Sammlers zu landen.

Vatermörder

Steifer Kragen;
potentieller Erbe in Geldschwierigkeiten.

Vatikan

Das Berlin des Domkapitels.

Veedel

Urbanes Kneipenumfeld mit hohem Sinnstiftungsfaktor.

Veedelszoch

Regional begrenzter Testlauf für den Rosenmontagszug.

Verband

Vereinigung, deren Mitglieder entweder miteinander Krach machen oder – vor allem im Rheinland – untereinander Krach haben.

Verblasen

Beliebte Form rheinischer Finanzwirtschaft. Im Privaten der Grund für regelmäßige Besuche beim Chef zur Monatsmitte (→ Vorschuss).

Vergessen

Unabdingbare Voraussetzung für Optimisten.

Verschämt

Im Rheinland nur mit der Vorsilbe „un" gebräuchlich.

Verschandeln

In Köln Synonym für Stadtentwicklung.

Verschätzen

Im Rheinland häufigste Grundrechenart.

Versprechungen

Im Rheinland häufig die Enttäuschungen von morgen.

Vetternwirtschaft

Nicht ganz zutreffende Umschreibung für die in Köln vorherrschende Unternehmenskultur, da man in Köln nicht, wie es der Begriff nahe legt, in irgendeiner Weise verwandt sein muss, um zu „klüngeln" (→ Klüngel).

Verwaltung

Rheinischer Orden der Stempelritter.

Villa Hammerschmidt

Rheinisches Gebäude im Stil einer Südstaatenplantage, in dem sich nicht nur Theodor „Heuss"lich eingerichtet hat, sondern auch eine Zeitlang ausländische Staatsgäste „Scheel" angeschaut wurden.

Von Sinnen

Gemütszustand im Rheinland während des Karnevals;
(Hella -) einzige Feministin, über die man wenigstens ab und zu lachen darf.

Vorfahren

Im Rheinland ein buntes Gemisch aus ortsansässigen Germanen und jeder Menge durchreisendem Gelichter – vom römischen Legionär bis zum mittelalterlichen Wegelagerer.

Vorsatz, guter

Selten länger als 24-Stunden dauernde grundlegende Änderung der Lebensgewohnheiten.

Vorschuss

Beliebtes rheinisches Nebeneinkommen.

Vorwand

Neben Ausreden wichtigstes Produkt rheinischer Ideenschmieden.

Von „W“ (wie Weiberfastnacht) bis „Z“ (wie Zölibat)

W

Wahn

Stadtteil, in dem der Köln-Bonner Flughafen gebaut wurde; Geisteszustand, in dem der Berliner Hauptstadtflughafen gebaut wurde.

WCC

Turmbau zu Bonn; städtebaulicher Griff ins Klo; konnte wegen seiner Größe nicht rechtzeitig unter den Teppich gekehrt werden.

WDR

Abkürzung für „Wohlfühlprogramm Deutscher Rentner"; früher für sein Dauerprogramm „Pleiten, Pech & Pannen" bekannt, heute eher als Onkel Toms Hütte.

Weiberfastnacht

Einziger Tag außerhalb des Schlussverkaufs, wo Frauen im Rheinland sich auf der Straße zu marodierenden Banden zusammenschließen. Heute außerdem höchster Feiertag der Krawattenindustrie.
Der Begriff „Weiberfastnacht" ist seit dem frühen Mittelalter bekannt und bedeutete ursprünglich nach nicht ganz zweifelsfreien historischen Quellen „Weiber fast nackt".

Weidenpesch

Kölner Stadtviertel; Ascot für Arme; beliebter Treff für Kölner Wirtschaftsgrößen, die es zu ihrem Hobby gemacht haben, aufs falsche Pferd zu setzen.

Weihnachten

Familienfest mit Krippesymptomen. Beliebter Vorwand christlichen Ursprungs, schwelende Familienkonflikte alkoholisiert auszutragen.

Weihnachtsmarkt

Rheinische Winterversion des Ballermanns als festlicher Trödelmarkt mit Kinderkarussell.
Wichtigster Handelsplatz für als Bratwurst getarnte Schlachtabfälle und ungenießbare Weinrestbestände.
Offizielle Verkehrssprache an den Trinkständen ist Holländisch. An den Trödelständen Deutsch mit russischem oder sächsischem Akzent.

Wesseling

Bewohnbare Erdölraffinerie im Süden von Köln, die sich – als kleines gallisches Dorf des Rheinlandes – erfolgreich der Eingemeindung widersetzt hat. Seit Köln auch ohne Wesseling Millionenstadt geworden ist, besteht allerdings auch kein weiteres Interesse mehr daran.

Westfalen

Bewohner eines westsibirischen Landstrichs, mit dem die Rheinländer politisch zwangsvereinigt wurden. Können erstaunlich viel trinken, ohne dabei lustig zu werden.

Wibbelstätz

Kölsch für jemanden, der unter ADS (Aufmerksamkeits-Defizit-Syndrom) leidet; Gegensatz der (→ Schlofmötz).

Wiederauferstehung

(Ostern) unerklärliches Wunder der einmaligen Rückkehr aus dem Totenreich;
(Karneval) unerklärliches Wunder der allmorgendlichen Rückkehr aus dem Komareich.

Wing

Rheinisches Grundnahrungsmittel. In drei Varianten erhältlich: Als „ruud wing", „wieß wing" und „chicken wing".

Wirt

Bis zur Einführung des Profifußballes einzige Profession rheinischer Männer, wo man Hobby und Beruf unter einen Hut bringen konnte – sogar mit großem Bekanntenkreis und eigenem Zapfhahn. Voraussetzungen: Strichliste bis Fünfzig beherrschen (→ Deckel rund trinken) und doppelte rheinische Kassenführung.

Wirtschaft

Arbeitsplatz von (→ Wirt);
Arbeitsplatz anderer Berufe, die die doppelte Kassenführung beherrschen (→ Schwarzer, Alice).

Woelki, Rainer Maria (Kölner Erzbischof, geb. 1956)

Moderne Version von Kardinal Frings an der Spitze der reichsten Erzdiözese der Welt. Mit ihm verbinden die Kölner die große Hoffnung, dass der rheinische Katholizismus nun wieder mehr heiter bis 'woelki'g sein wird.

Wolgograd

Kölner Partnerstadt. Die einzige, die immer noch vergeblich darauf wartet, dass sie endlich mal freiwillig von ein paar Kölnern besucht wird.

Worringen

(Schlacht bei -) mittelalterlicher Austragungsort des ersten Lokalderbys zwischen Düsseldorf und Köln im Jahre 1288.
Von den versammelten Hooligans aus der Umgebung ist überliefert, dass sich besonders die bergischen Bauern (→ Bauer) in Unkenntnis der damaligen Vereinswappen sogar untereinander verprügelten, also auf Freund und Feind gleichermaßen einschlugen.
Einige Oberbergische, die wie immer zu spät kamen, wenn was los ist, sollen beim Anblick des leichenübersäten Schlachtfeldes spontan „Don't Worringen, be happy!" ausgerufen haben.

Wuppertal

Urbaner bergischer Flickenteppich an der rheinischen Nordgrenze; einzige Stadt, die sich als Nahverkehrsmittel eine Art Jahrmarkt-Fahrgeschäft leistet.

Würde

Im Rheinland, und besonders in Köln, allgegenwärtiger Begriff, um die rheinische Lebenseinstellung zu umschreiben. Wird vor allem in Zusammenhängen gebraucht wie: „Würde ich heute gearbeitet haben, würde ich bestimmt rechtzeitig fertig werden."

X

Xanten

Eigentlich kaum erwähnenswerte Kleinstadt am Niederrhein, die vor allem durch „Stadt-Land-Fluss" überregionale Bedeutung gewonnen hat.

X-Beine

Klappstuhlartiger Unterbau. Dank großer Standfestigkeit ideale anatomische Voraussetzung, um sich im Stehen volllaufen zu lassen.

X-Chromosom

Erbgutträger. Gehört neben Schlafen und Atmen zu den wenigen Dingen, die Männer und Frauen gemeinsam haben.

Xing

Virtueller Klüngel ohne ausufernden Alkoholkonsum, dafür aber auch weniger Ergebnissen.

XXL

(→ Päd – → decke Trumm) Standardgröße bei McDonald-Stammkunden.

Y

Y-Chromosom

Erbgutträger. Gehört biologisch zu den wenigen Dingen, neben Prostataleiden und Vorhautverengung, die exklusiv bei Männern vorkommen.

Yeti

Legendärer Himalajabewohner. Einziger kostümierter Rüpel mit schlechten Manieren, der noch nie beim Kölner Karnevalszug aufgetaucht ist.

Yoga

Technik zum Einnehmen unnatürlicher Stellungen und mit hohem Selbstbefriedigungsfaktor (→ Legende).
Wird von einem Vorturner mit Guru-Charakter und angenommenen indischen Vornamen in aufreizend perfekter Weise vorgemacht, um bei den Teilnehmern Minderwertigkeitskomplexe und Verspannungen auszulösen, die dann nur mittels Yoga bekämpft werden können.

Y wie Yeti

Z

Zappes

(mundartlich für „Zapfer") Einziger Handwerksberuf in Köln, wo man mit einem einzigen Handgriff alle Kunden glücklich machen kann.

Zaziki

Griechische Mayonnaisen-Alternative aus Quark und Knoblauch. Beliebte Kebab- und Döner-Beilage, die nach dem Verzehr nicht nur Vampire in die Flucht schlägt.

Zebrastreifen

Fahrbahnmarkierung, die Rheinländern oberhalb des Grundschulalters anzeigt, wo sie die Straße keinesfalls überqueren werden.

Zölibat

Verschärfte Form der Monogamie; traditionelle Förderung der Liebe an und für sich;
(historisch) General-Alibi für Ehemuffel;
(heute) Ursache dafür, dass katholische Priester mit ihren Haushälterinnen gerne in abgelegenen Gegenden Urlaub machen, wo sie keine Gefahr laufen, ihren Gemeindemitgliedern über den Weg zu laufen.

Zons

Historischer Ort am Rhein, der vor allem deshalb erhalten wird, damit rheinische Schüler im dritten Schuljahr nicht schon wieder nach Kommern fahren müssen.

Z wie Zölibat

Zoo

Defizitäre, urbane Pelztierfarm, bei der jedoch nicht den Insassen, sondern den Besuchern das Fell über die Ohren gezogen wird (→ Eintrittspreise).
Das erklärte Ziel der Zoos, ein Refugium für vom Aussterben bedrohte Arten zu sein, um diese der Nachwelt zu erhalten, hat bislang lediglich bei Zoodirektoren und Tierpflegern zum Erfolg geführt.

Zufall

Strategisches Schlüsselelement rheinischer Lebenskünstler.

Zufriedenheit

Die Kunst, dem Leben mit einem Lächeln zu begegnen. Aussterbende menschliche Gemütslage. In ihrer ursprünglichen Form oft einhergehend mit Stille und Einkehr.
Wird von modernen Zeitgenossen zunehmend nicht mehr in Kirchen oder im Familien- und Freundeskreis, sondern auf Ayurveda-Farmen, in Bhagwan-Kommunen oder mittels Johanniskraut gesucht.
Bleibt nach wie vor das wertvollste und zugleich preiswerteste Weihnachtsgeschenk, das man sich allerdings nur selbst schenken kann.